ISBN 978-0-259-57346-3
PIBN 10641687

LES RÈGLES
DE
LA BIENSÉANCE
ET DE LA
CIVILITÉ CHRÉTIENNE,

Divisées en deux Parties;

PAR J.-B. DE LA SALLE, PRÊTRE,
Et Docteur en Théologie.

A CAEN,
CHEZ AUGUSTE LECRÊNE, LIBRAIRE,
rue Froide, n°. 9.

Toutes mes Editions sont revêtues de ma Signature.

AVIS PRÉLIMINAIRE.

La première partie de cet ouvrage traite de tout ce qui a rapport à la propreté et au maintien du corps : on y apprend quelle est la situation la plus honnête et la plus commode. On ne saurait s'y prendre trop tôt pour obliger les enfans à prendre une démarche également aisée et modeste, à éviter les gestes ridicules, affectés, immodestes et grossiers, et à se familiariser avec cet air décent et commode qui prévient et plaît dans un monde poli.

La propreté contribue à la santé du corps, motif seul capable d'engager les enfans à observer tout ce qu'on leur prescrit à ce sujet; mais elle est encore une preuve sans réplique que l'on aime l'ordre, surtout quand elle est renfermée dans ses justes bornes ; et cet amour de l'ordre annonce à son tour une droiture de cœur bien propre à fortifier les sentimens de Religion; la malpropreté, au contraire, désigne le désordre qui règne dans l'âme, et par conséquent peu d'amour de la piété.

C'est dans l'âge le plus tendre qu'il faut inspirer ce qui rend les enfans civils et honnêtes : les premières impressions ne s'effacent presque jamais; et s'il arrive que l'on oublie quelquefois les préceptes d'une bonne éducation, la réflexion tôt ou tard y ramène.

On reçonnaît toujours, à travers les déréglemens mêmes d'un jeune homme, l'effet des leçons de politesse qu'il a reçues dans son enfance. D'ailleurs ces soins de propreté, tournés en habitude, deviennent presque naturels; on sent même alors une espèce de répugnance à les omettre.

Les leçons contenues dans la seconde partie sont intéressantes, car elles ont pour objet les actions les plus ordinaires : le lever, le coucher, les repas, la conversation, les divertissemens, le langage, et toutes ces choses exigent des règles et une attention réfléchie à les observer : ces règles sont prises dans la nature même de l'homme; elles tendent uniquement à la perfection de son être.

Le sommeil est nécessaire quand il est pris avec ordre, avec modération; il devient nuisible à la santé, dès qu'il est prolongé au-delà de ses justes bornes.

La nourriture de l'homme doit toujours être proportionnée à son tempérament et à ses besoins; les enfans, plus que les autres, ont besoin de règle dans une action qui les rend souvent onéreux à eux-mêmes et à ceux qui sont chargés de leur éducation; ils se pardonnent toutes sortes d'excès en ce genre, parce qu'ils n'en conçoivent ni n'en prévoient les conséquences.

L'homme est né pour la société, pour vivre et converser avec ses semblables : il doit donc connaître les devoirs que lui prescrivent la Religion, l'honneur et la raison dans les conversations, dans les visites qu'il rend ou qu'il reçoit, en un mot, dans toutes les occasions où il doit se trouver en société: la prudence dans les manières, la circonspection dans les discours, l'honnêteté dans les propos, les égards envers ses supérieurs et ses égaux, la patience et la douceur avec les esprits difficiles, une charité constante dans les circonstances fâcheuses, une attention soutenue à ne blesser ni la réputation des absens par des médisances malignes, par des rapports désavantageux, ni la modestie des personnes présentes par des éloges déplacés, par une fade adulation; une exacte vigilance sur ses regards, ne les portant jamais sur des objets licencieux; sur ses paroles, ne s'entretenant jamais de sujets obscènes, évitant toute espèce de raillerie capable de blesser même indirectement la charité : voilà en raccourci ce que les enfans doivent apprendre d'une manière plus détaillée dans cette Civilité, et le graver si profondément dans leur mémoire et dans leur cœur, qu'il ne s'en efface jamais.

Quoique l'homme soit irrévocablement condamné au travail, sans que sa condition puisse l'en dispenser, le Seigneur, toujours équitable dans ses plus sévères arrêts, permet à l'homme coupable le repos nécessaire à la réparation et à l'entretien des forces du corps; mais le repos n'est légitime, qu'autant qu'il est surbordonné à la nécessité : delà vient que tout divertissement qui s'écarte, dans son objet ou dans sa durée, des vues de Dieu, est un véritable péché, et souvent la source d'une infinité de crimes qui ne nous effraient si faiblement, que parce qu'ils ont été confondus avec les usages dangereux d'un monde pervers; il était donc de la dernière importance de donner sur cet article des leçons détaillées à la jeunesse, naturellement portée vers le plaisir, et trop souvent incapable de modération et de sagesse dans son usage.

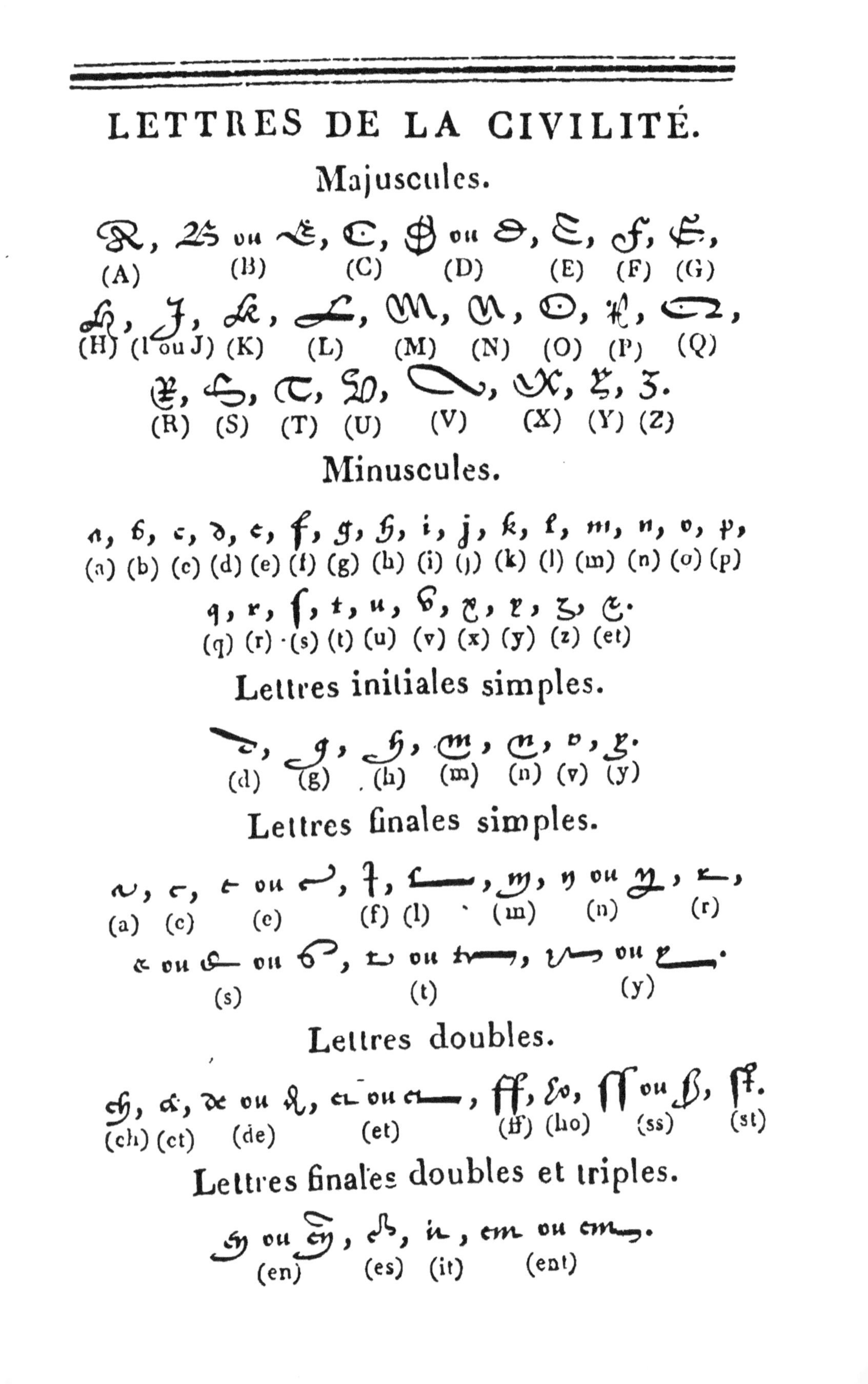

LETTRES DE LA CIVILITÉ.

Majuscules.

(A) (B) (C) (D) (E) (F) (G)

(H) (I ou J) (K) (L) (M) (N) (O) (P) (Q)

(R) (S) (T) (U) (V) (X) (Y) (Z)

Minuscules.

(a) (b) (c) (d) (e) (f) (g) (h) (i) (j) (k) (l) (m) (n) (o) (p)

(q) (r) (s) (t) (u) (v) (x) (y) (z) (et)

Lettres initiales simples.

(d) (g) (h) (m) (n) (v) (y)

Lettres finales simples.

(a) (c) (e) (f) (l) (m) (n) (r)

ou ou ou ou

(s) (t) (y)

Lettres doubles.

(ch) (ct) (de) (et) (ff) (ho) (ss) (st)

Lettres finales doubles et triples.

(en) (es) (it) (ent)

DE LA BIENSÉANCE
ET DE LA
CIVILITÉ CHRÉTIENNE,
DIVISÉES EN DEUX PARTIES.

PREMIÈRE PARTIE.

De la Modestie que l'on doit faire paraître dans le port, et du maintien du Corps.

CHAPITRE PREMIER.

Du port et du maintien de tout le Corps.

Rien ne contribue davantage aux grâces extérieures, à l'honnêteté même des mœurs, que l'exactitude avec laquelle un jeune homme observe la situation naturelle et le mouvement des parties du corps.

Les jeunes gens ne sont que trop sujets

aux défauts qui blessent en ce genre la modestie et l'honnêteté. Le premier de ces défauts n'est autre que cette affectation ridicule qui met le corps à la gêne et le rend semblable à une machine dont les mouvements sont mécaniquement ordonnés. Une démarche compassée avec art, toujours guindée sur un ton de gravité ridicule, n'est pas moins contraire à la modestie que la nonchalance, preuve ordinaire de la paresse et de la bassesse des sentiments.

Les caractères vifs et étourdis doivent se composer avec plus de vigilance que les autres, ne pas gesticuler sans cesse et sans raison, ni changer d'attitude par légèreté.

Ce n'est pas qu'on doive prendre un ton de réserve qui n'appartient qu'à l'âge avancé; mais il est nécessaire d'être composé sans art ni étude, de porter un extérieur modeste et non guindé, ni ridiculement précieux.

Un peu plus de soin et de vigilance rendrait ces règles familières aux jeunes gens, et les parents devraient leur apprendre à paraître en public avec cet air d'honnêteté qui décèle une bonne éducation et un cœur réglé.

Il est une certaine gravité qui annonce la hauteur & la fierté : loin d'être une perfection louable, c'est un défaut choquant, parce que l'orgueil est un vice insupportable dans l'homme, & surtout dans l'homme chrétien. La haute idée que toute personne doit avoir de son origine spirituelle, suffit pour lui donner cette gravité douce qui inspire également le respect & la confiance. L'air d'élévation & de grandeur dans le maintien aura toujours un véritable rapport avec la majesté & la grandeur de Dieu, quand il sera réglé par la modestie, composé par une convenable humilité, & soutenu par une estime réglée de ce que l'on est ou de ce que l'on doit être.

Lorsque les circonstances demandent que l'on soit debout, il ne faut ni se voûter, ni pencher la tête par affectation, ni l'élever avec une fierté ridicule ; il faut encore éviter de s'appuyer sans besoin contre la muraille, et de s'accouder négligemment, de faire des contorsions & se donner d'inutiles agitations ; enfin d'allonger ou d'étendre le corps avec indécence.

Il faut, lorsqu'on veut s'asseoir, choisir des siéges plus hauts que bas, pour conserver une posture plus honnête & moins gênante. Ce serait une indécence de poser les genoux l'un sur l'autre, de croiser les jambes ou les faire jouer en forme de balancier, de s'accouder nonchalamment sur le dossier de la chaise, de se balancer le corps en se renversant, de s'y tenir penché ou de travers; on doit encore éviter de changer souvent de siége sans raison; de se traîner avec bruit, ou de se placer dans un endroit incommode pour ceux qui vont et viennent dans un appartement; ce serait une autre impolitesse d'affecter de choisir les plus belles chaises, ou un fauteuil préférablement à une chaise. On ne saurait blâmer trop fortement la licence avec laquelle certaines personnes s'emparent des deux tiers d'une cheminée, pour s'y chauffer d'une manière indécente: ce défaut, pour être plus commun, n'en est pas moins grossier, principalement dans les compagnies, dont on doit respecter les membres.

Il faut enfin observer de ne jamais

se lever sans besoin quand tout le monde est assis, ni de demeurer sur son siége quand la compagnie se tient debout.

CHAPITRE II.

De la Tête et des Oreilles.

La bienséance exige qu'on tienne la tête droite et élevée, sans la pencher d'un côté ou de l'autre; qu'on ne la tourne pas çà et là avec étourderie : c'est surtout dans la conversation que l'on doit savoir en régler les mouvemens.

Il n'est jamais permis de répondre d'un signe de tête aux questions que l'on nous fait, encore moins de témoigner de l'indifférence ou du mépris, par un geste de cette espèce.

On doit éviter d'y porter la main; et l'honnêteté, ainsi que la propreté, veulent que, lorsqu'on est à table, jamais on ne la touche que dans une pressante nécessité, et encore moins doit-on se gratter ou remuer les cheveux : ce vice, si ordinaire aux enfans, ne saurait être trop corrigé.

On doit se nettoyer les oreilles

avec soin, mais il faut éviter de le faire en compagnie. Les ordures qu'on y laisse amasser par négligence, obligent d'y porter fréquemment la main; & les enfans, sans plus de réflexion, se servent de leurs doigts & de leurs ongles pour les vider; habitude malpropre & dangereuse : quand on sent des démangeaisons considérables, il faut se servir d'un cure-oreille, & non d'épingles ou autres instrumens : si, dans une compagnie, on sent quelqu'incommodité à cette partie, il faut se retirer & y remédier sans être vu. Les enfans ont communément beaucoup de penchant à crier ou à se souffler mutuellement dans les oreilles : c'est une impolitesse, &, qui plus est, une habitude nuisible dont on doit les corriger.

Les hommes ne doivent se percer les oreilles que dans les cas de nécessité; cet usage, autorisé dans les femmes, qui aiment en tout l'ornement & la bagatelle, est ridicule dans un homme, qui doit dans ses manières & ses ajustemens s'éloigner de leur sexe.

CHAPITRE III.

Des Cheveux.

Il n'y a personne qui ne se doive faire une règle indispensable de se peigner chaque jour les cheveux : cette propreté est utile à la santé ; elle empêche que la vermine & mille autres ordures semblables ne gâtent les cheveux & ne les fassent tomber : il faut les nourrir avec de la poudre & de la pommade, mais ne pas trop les en charger, ni laisser long-temps cette poudre et cette pommade, parce qu'alors elles nuiraient plus qu'elles ne seraient utiles. C'est donner dans le ridicule que de se blanchir les cheveux par une quantité prodigieuse de poudre, & de les rendre gras en y appliquant trop de pommade ; il faut moins consulter la mode que l'utilité, & n'oublier jamais que des soins trop affectés de la chevelure rendent l'homme efféminé, & sont contraires à la modestie chrétienne. Il serait à désirer, sans doute, qu'on observât avec plus d'exactitude les règles de cette modestie prescrite par les Apôtres, & renouvelée dans les Conciles; mais, malgré la fureur des parures, on peut encore se rapprocher en cet article, comme dans tous les autres, de la modestie évangélique; & pour cela, il ne faut donner à l'entretien des cheveux que les moments que les occupations et le travail laissent à la liberté; ne prendre jamais la vanité pour modèle; et en évitant de paraître ridicule par un arrangement bizarre, ou absolument hors d'usage, ne point affecter une coiffure de comédien et de fat.

On ne doit point laisser les cheveux voltiger au gré du vent, lorsqu'ils sont longs, les plier par derrière les oreilles, encore moins les porter gras, hérissés ou rabattus sur le front.

Ceux à qui la nécessité impose de prendre perruque, doivent se l'assortir à la couleur de leurs cheveux; la conserver toujours peignée, parce que les cheveux dont elle est faite, ne pouvant se soutenir par eux-mêmes, exigent plus de soin que les cheveux naturels.

CHAPITRE IV.

Du Visage.

Le Sage dit qu'à l'air du visage on connaît l'homme & bon sens; il est, dit un ancien, le miroir de l'âme, l'interprête de la pudeur, ou le témoin de la corruption du coeur: il faut donc composer l'air de telle sorte que l'aspect nous rende aimables, & édifie le prochain.

Pour être agréable, il faut n'avoir rien de sévère ni d'affecté dans le visage; rien de farouche, rien de sauvage, rien de léger ni d'étourdi: tout doit y respirer une gravité douce, une sagesse aimable; l'air chagrin & mélancolique rebute. La gaîté, la sérénité du visage ne doivent point se ressentir d'une évaporation, qui souvent annonce une légèreté d'esprit excessive, ou une licence extravagante.

Il est cependant à propos de composer son visage selon les circonstances où on se trouve, & les personnes avec lesquelles on converse; il serait ridicule

& insultant, de rire avec des gens qui sont dans la tristesse, de leur parler d'un ton gai, ou de leur annoncer un événement fâcheux avec un air indifférent. De même, lorsqu'on se trouve dans une compagnie dont les entretiens roulent sur des choses agréables & amusantes, on ne doit pas avoir un air sombre & rêveur.

A l'égard de ses propres affaires, l'homme sage conserve, autant qu'il est possible, un visage toujours égal; l'adversité ne doit abattre que le faible; la prospérité ne doit se peindre que dans les yeux de l'homme léger. Ce n'est pas que le visage ne doive se ressentir des différentes situations de l'âme : mais il faut être assez maître de soi-même, pour que l'on se modère dans le chagrin comme dans le plaisir.

Rien n'est plus incommode ni plus fâcheux qu'un homme dont le visage, tantôt annonce de la gaîté, tantôt de la mauvaise humeur : cette mobilité est une preuve que l'on se laisse emporter facilement au tumulte des passions, et que l'on est peu vertueux.

Lorsque l'on se trouve avec des personnes qui, par leur âge & leurs vertus, méritent beaucoup d'égards, le respect qu'on leur témoigne doit être peint sur le visage, sans cependant y mêler un air de timidité puérile, qui est ordinairement la preuve d'une âme basse. Il faut également éviter l'air de familiarité avec les personnes que l'on connaît peu, ou qui ne jouissent pas d'une bonne réputation.

Avec ses amis, il faut toujours avoir un visage gai, afin de donner plus de facilité & d'agrément à la conversation.

La propreté exige qu'en se levant on se lave le visage, & qu'on l'essuye avec un linge blanc.

Lorsque la sueur oblige à se frotter le visage, il faut le faire avec un mouchoir blanc, & n'y porter la main que dans un cas de nécessité : cela évite bien des inconvéniens, des dartres, des boutons que la main souvent y produit.

L'homme ne doit jamais se peindre le visage : cette vanité n'est pas même tolérable dans une femme; elle est contraire à la simplicité & à la modestie chrétienne.

CHAPITRE V.

Du Front, des Sourcils et des Joues.

Il est indécent d'avoir le front ridé, c'est la marque ordinaire d'un esprit inquiet & mélancolique : le front est le siége de la douceur, de la pudeur et de la sagesse; il faut donc que son air réponde aux vertus dont il est l'interprête et le miroir.

Froncer les sourcils est souvent un signe de fierté & de mépris, il faut donc éviter ce mouvement.

Le plus bel ornement des joues est la pudeur : c'est, selon Saint Paul, ce dont un fidèle doit se parer. Dans une personne vraiment chrétienne, cette pudeur fait naître sur ses joues une certaine rougeur qu'un ancien Philosophe appelait la couleur de la vertu. Quand on a le cœur pur & droit, une parole obscène, un geste indécent, un mensonge, une médisance, un léger emportement colorent aussitôt le visage : malheur à ceux qui rougissent du bien ! l'impudence, l'endurcissement & une licence effrénée, sont les vices de ceux dont rien ne peut troubler l'indifférence répandue dans l'air de leur visage. Remuer les joues, les enfler, les battre des mains sont de toutes les incivilités les plus grossières & les plus puériles.

Quoique l'Evangile nous ordonne de présenter la joue droite à celui qui ose frapper la gauche, il ne faut pas se laisser emporter jusqu'à donner un soufflet à son prochain, sous le prétexte qu'il doit le souffrir avec patience : le soufflet est, de tous les affronts, le plus sensible; il est l'effet d'une folle colère & d'une basse vengeance. Celui que l'on frappe ainsi, quoi qu'en dise le monde, ne doit jamais se venger par une semblable insolence, il doit se souvenir que Jésus-Christ a été souffleté; que, par des outrages plus sanglans encore, il a été assailli pendant sa Passion; & comme il arrive que l'on n'est pas toujours le maître des premiers emportemens, il faut au moins les modérer, & se souvenir que la vengeance a été regardée par tous les Sages [illegible]quée, est comme une preuve & par comme une marque de con- [illegible] d'honneur.

CHAPITRE VI.

Des Yeux et des Regards.

[illegible] yeux sont les interprètes du [illegible] : prenent les divers [illegible] représentations; & s'ils [illegible] des signes certains [illegible] se passe dans l'âme, ils [illegible] regards [illegible], & cela suffit [illegible] elle par leur action ou [illegible]

[illegible] personnes humbles & modestes [illegible] des regards [illegible] retenus.

[illegible]

caractère violent et colérique; d'autres qui les ouvrent extraordinairement
et les fixent avec hardiesse, preuve
d'insolence; ce sont deux défauts
pareillement à éviter.

Les personnes étourdies regardent çà
et là, et ne se fixent à aucun objet; la sagesse et la politesse proscrivent cette inconstance dans les regards.

Il n'est pas rare que certaines
personnes fixent sérieusement les yeux
sur un objet, sans que pour cela elles y
portent leur attention; souvent elles sont
occupées d'une affaire sérieuse; plus souvent encore elles ont l'esprit vague qui ne
s'arrête et ne se détermine jamais.

Lorsqu'on est plein d'inquiétude et
d'embarras, on fixe les yeux vers la
terre et l'on paraît stupide; quelqu'accablante
que soit la douleur il faut éviter ce
maintien, qui marque trop d'abattement.

C'est une [illegible] sse [illegible] inteuse dans un
me pe[illegible] [illegible]s importantes vérités
la [illegible]
Il [illegible] ncivil de regarder par-
l'ép[illegible] fermer un oeil, de se tourne[illegible] to[illegible] côtés pour pro-
ce[illegible] il est contraire à

de l'antiquité, plutôt comme une preuve de faiblesse que comme une marque de courage et d'honneur.

CHAPITRE VI.

Des Yeux et des Regards.

Les yeux sont les interprètes du cœur; ils en expriment les divers mouvemens et les agitations; et s'ils ne sont pas toujours des signes certains de ce qui se passe dans l'âme, ils le sont assez ordinairement, et cela suffit pour que l'on veille sur leur action ou position extérieure.

Les personnes humbles et modestes ne doivent avoir que des regards doux, paisibles et retenus.

Ceux à qui la nature n'a pas donné l'avantage d'une vue agréable, doivent au moins diminuer, autant qu'il est possible, ce désagrément inévitable par une contenance gaie et modeste, et ne le pas accroître par une négligence volontaire et affectée.

Il en est dont les yeux rendent l'aspect affreux, défaut ordinaire d'un caractère violent et colérique; d'autres qui les ouvrent extraordinairement et les fixent avec hardiesse, preuve d'insolence; ce sont deux défauts pareillement à éviter.

Les personnes étourdies regardent çà et là, ne se fixent à aucun objet; la sagesse et la politesse proscrivent cette inconstance dans les regards.

Il n'est pas rare que certaines personnes fixent sérieusement les yeux sur un objet, sans que pour cela elles y portent leur attention; souvent elles sont occupées d'une affaire sérieuse; plus souvent encore elles ont l'esprit vague qui ne s'arrête et ne se détermine jamais.

Lorsqu'on est plein d'inquiétude et d'embarras, on fixe ses yeux vers la terre et l'on paraît stupide; quelqu'accablante que soit la douleur, il faut éviter ce maintien, qui marque trop d'abattement. C'est une faiblesse honteuse dans un homme persuadé des importantes vérités de la Religion.

Il est très-incivil de regarder par-dessus l'épaule, de fermer un oeil, de se tourner sans sujet de tous côtés pour promener ses regards: il est contraire à l'esprit du Christianisme, à l'honnêteté, à la bonne éducation, de les attacher sur des objets obscènes.

Grimacer, contrefaire les louches, érailler les yeux avec les doigts, cela pour faire rire, sont des défauts impardonnables, & qu'on ne doit pas souffrir, même dans les enfans; les ouvrir & les fermer par caprice, les tenir fixement attachés sur des personnes respectables, tout cela pêche contre la modestie & la politesse.

CHAPITRE VII.

Du Nez.

Tout mouvement volontaire du nez, soit avec la main, soit autrement, est indécent & puérile; porter les doigts dans les narines est une malpropreté qui révolte; & en le touchant trop souvent, il arrive qu'il s'y forme des incommodités dont on se ressent long-temps; c'est un défaut assez ordinaire dans les enfans: les parens doivent les surveiller de près sur cet article.

Il faut, en se mouchant, ne s'écarter jamais de la bienséance & de la propreté.

Plusieurs gesticulent avec le mouchoir, le tiennent perpétuellement dans leurs mains, & le laissent souvent tomber à terre : on ne saurait excuser ces puérilités.

D'autres le posent sur une table, sur une chaise ou autre meuble, ce qui est encore très-malpropre : on doit le tenir toujours enfermé dans sa poche & ne l'en retirer qu'au besoin.

Quelques-uns ne font pas difficulté de se servir des mouchoirs des uns et des autres : rien n'est plus impoli, surtout lorsqu'on s'en sert étant sales.

Il faut éviter avec soin de faire trop de bruit en se mouchant, & même qu'en éternuant, & ne faire ni l'un ni l'autre au visage de qui que ce soit.

L'usage veut qu'on salue la personne qui éternue, & que celle-ci remercie; il faut faire l'un & l'autre par une médiocre inclination, sans se découvrir, surtout si on est à table : il est inutile de parler ni de faire des complimens, c'est une méthode du dernier ridicule.

On ne doit prendre du tabac en poudre que dans le besoin : cet usage

occasionne la malpropreté. Il n'est pas décent de fumer du tabac en société, et surtout en présence des femmes.

CHAPITRE VIII.

De la Bouche, des Lèvres, des Dents et de la Langue.

Il faut avoir soin de tenir la bouche dans une grande propreté et dans la forme qui lui est naturelle; et ne point l'ouvrir avec affectation et sans sujet : il est donc important de la laver avec de l'eau chaque matin, et de n'y porter aucune chose qui puisse donner mauvaise haleine et la rendre malpropre.

Le défaut le plus ordinaire des enfans, en mangeant, consiste à se remplir la bouche de manière qu'ils peuvent à peine respirer; c'est une habitude aussi incivile que peu saine : les parens doivent les corriger de ce défaut, qui, presque toujours, annonce une gourmandise impardonnable. Il faut pareillement se donner de garde de l'ouvrir avec affectation ou par plaisir, et d'y faire entrer, par bravade, des choses plus grandes que sa circonférence naturelle.

On se gâte infailliblement les lèvres en se les mordant avec les dents, ou en les remuant avec contorsion, les resserrant, les élevant trop, & les tirant avec les doigts.

Il est encore très-dangereux de les peindre ou d'y appliquer différentes pommades, excepté lorsqu'elles se fendent; mais on doit observer que les couleurs en rident les bordures, & que le fréquent usage des pommades affaiblit & ternit la peau. On ne doit jamais lever la lèvre d'en haut de telle sorte que l'on découvre les dents & les gencives en abaissant trop celle d'en bas; il faut suivre les lois de la nature, qui veut qu'elles les couvrent.

La plupart des enfans se gâtent les dents, ou en ne les nettoyant pas, ou en le faisant avec des choses qui leur nuisent, ou en mangeant de tout ce qui peut les noircir ou les gâter; ou arrachant des clous avec les dents, en y attachant des fils & autres choses qui ne peuvent que les ébranler et même les casser, surtout quand ils font des efforts pour lever des poids assez considérables et supérieurs à la force des dents. Il est important de les nettoyer souvent, surtout après les repas, avec un bout de plume, et non avec une épingle ou la pointe d'un couteau, et de les frotter ensuite avec un linge un peu humecté; mais il faut observer de ne le point faire à table.

C'est une incivilité de grimacer en serrant et rapprochant avec bruit les dents les unes contre les autres, de s'en servir pour ronger ses ongles ou du bois, ou couper quelqu'autre chose que ce soit.

Plusieurs allongent, retrécissent et font sans cesse mouvoir la langue; est-il grossièreté plus inexcusable? L'on ne sait ce que l'on doit blâmer avec plus de force, ou la négligence des parens et des maîtres, ou la mauvaise habitude des enfans, qui se défigurent ainsi par plaisir.

CHAPITRE IX.

De la manière de parler et de prononcer.

Il est difficile d'entendre celui qui serre les dents en parlant; ceux qui parlent du gosier ne sont pas souvent plus intelligibles ; la trop grande volubilité confond les mots & rend le discours imparfait, c'est le défaut des caractères étourdis & pétulans. Il faut, en parlant, prendre un ton conforme au lieu où l'on parle, & aux personnes à qui l'on adresse la parole : un ton trop élevé annonce la fierté & l'insolence, un ton trop bas décèle une timidité puérile ; & comme on ne doit parler que pour se faire entendre, il est ridicule, ou de crier à haute voix, ou de parler entre les dents.

L'honnêteté condamne un ton de voix brusque, qui annonce une dureté de caractère révoltante ; comme aussi la dignité de l'homme est contraire à ce ton efféminé, qui, quoique commun dans ce siècle, n'est pas moins un signe sensible de la plus pitoyable fatuité ou d'un génie borné. Ceux qui affectent de grasseyer en parlant, donnent dans le ridicule, & ceux qui le font naturellement, doivent, autant qu'il est en eux, diminuer ce défaut en appuyant sur les syllabes qu'ils prononcent avec peine, surtout sur les consonnes qui précèdent & suivent les voyelles.

Il est d'une grande conséquence de veiller sur ces défauts pendant la plus tendre jeunesse : car l'expérience ne nous instruit que trop de l'impossibilité où l'on est, plus tard, de se corriger d'une aussi mauvaise habitude ; on en reconnaît la difformité souvent lorsqu'on ne peut plus s'en défaire.

Deux manières de prononcer très-ridicules sont en vogue souvent parmi bien des personnes. Les unes prononcent lentement & langoureusement ; on dirait qu'elles n'ouvrent la bouche que pour se plaindre : rien n'est plus insipide ni moins pardonnable, soit dans l'homme, soit dans la femme. Les autres parlent pesamment, comme s'ils avaient la bouche pleine : & si la rudesse se joint à cette tournure de prononciation, ils doivent modérer leur ton, articuler distinctement, s'ils veulent se corriger.

La prononciation française doit être toujours ferme, douce & agréable : en parlant peu, en prononçant tous les mots distinctement, & les syllabes qui doivent sonner à l'oreille, on apprend à prononcer exactement : la conversation des personnes qui parlent la langue dans toute sa pureté, contribue plus que tout le reste à former la prononciation.

CHAPITRE X.

De la manière de bâiller et de cracher.

Rien n'est plus indécent que de parler en bâillant, de bâiller avec affectation ou d'un ton élevé. Lorsque la nécessité de bâiller est trop pressante, il faut au moins mettre la main devant la bouche; et si elle continue, il est plus à propos de se retirer, que de laisser croire que l'on s'ennuye.

C'est une grossièreté impardonnable dans les enfans, que celle qu'ils contractent en crachant au visage de leurs camarades; on ne peut pas plus excuser ceux qui crachent par les fenêtres, sur les murailles et sur les meubles; on doit encore éviter de laisser échapper, en parlant, de la salive sur le visage de celui qui écoute. Les enfans souvent s'amusent en tenant et remuant dans la bouche ce qu'ils doivent jeter par terre; il faut les accoutumer de bonne heure à perdre cette habitude qui les rend malpropres et dégoûtans.

CHAPITRE XI.

Du Dos, des Epaules, des Bras et des Coudes.

Beaucoup de jeunes gens affectent de marcher courbés; ils poussent le dos en dehors, de manière qu'on les prendrait pour des vieillards ou des personnes naturellement voûtées : rien n'est plus ridicule ni plus inepte.

Il en est qui ne rougissent pas de donner aux épaules un mouvement de vibration tandis qu'on leur parle; qui tournent même le dos : c'est une preuve de mauvaise éducation ou de légèreté.

C'est un défaut de croiser les bras sur la poitrine, de les entrelacer derrière le dos, de les laisser pendre avec nonchalance, de les balancer en marchant, sous prétexte de soulagement; l'usage veut que, si l'on se promène avec une canne à la main, le bras qui est sans appui, soit posé légèrement contre le corps et qu'il reçoive un mouvement presque imperceptible, sans cependant le laisser tomber de côté : si l'on n'a point de canne, ni manchon, ni gants, il est ssez ordinaire de poser le bras droit sur la poitrine ou l'estomac, en mettant la main dans l'ouverture de la veste à cet endroit, et de laisser tomber la gauche en pliant le coude, pour faciliter la position de la main sous la basque de la veste. En général, il faut tenir les bras dans une situation qui soit honnête et commode.

C'est une incivilité des plus marquées de s'accouder lorsqu'on parle ou qu'on écoute, de pousser volontairement qui que ce soit avec le coude, ou d'écarter d'un mouvement d'épaule, celui qui s'avance pour parler : il est mille autres moyens de se défaire des importuns ou des grands parleurs ; et, en toute rencontre, il faut conserver cette politesse et cette urbanité qui forment le caractère distinctif de notre Nation.

CHAPITRE XII.

Des Mains, des Doigts et des Ongles.

Il faut se laver les mains tous les matins, avant et après le repas, et toutes les fois que l'on a touché quelque chose qui peut les salir : la malpropreté en ce point est intolérable. On ne doit jamais, après les avoir lavées, les essuyer aux habits ou à toute autre chose qui n'est pas destinée à cet usage.

Les enfans aiment à porter la main sur les habits & les autres choses qui leur plaisent : il faut corriger en eux cette démangeaison, & leur apprendre à ne toucher que des yeux ce qu'ils voyent.

On ne doit se donner la main l'un à l'autre que quand on est uni par une étroite amitié : ce geste est un signe commun de paix, de familiarité & de bienveillance; qu'il soit toujours l'interprète du cœur et jamais le fruit de la politique.

Montrer au doigt, de loin ou de près, la personne dont on parle, tirer ses doigts les uns après les autres, les faire craquer ou les remuer à tout propos, sont de grandes incivilités.

Il faut se couper les ongles dès qu'ils paraissent se charger d'ordures: c'est une impolitesse de le faire en présence de qui que ce soit. On doit se servir de ciseaux, et non de couteau & de canif: c'est une grossièreté impardonnable de les ronger avec les dents, de les enfoncer dans quelques fruits... ou autre chose que ce puisse être.

CHAPITRE XIII.

Des Genoux, des Jambes et des Pieds.

Il ne faut pas, étant assis, trop écarter ou trop serrer les genoux, et surtout il faut éviter de s'y accouder : remuer sans cesse les jambes, les allonger, les croiser lorsqu'on est assis en présence de personnes qualifiées, c'est l'effet de l'étourderie ou de la grossièreté.

Ceux en qui la transpiration est si forte, qu'elle fait exhaler de leurs pieds quelques odeurs, doivent mettre des chaussons de toile, en changer souvent, ou du moins se laver les pieds avant que de paraître en compagnie.

Lorsque l'on est debout, on doit avoir les pieds en dehors, les talons séparés et éloignés un peu l'un de l'autre; ne pas les remuer sans cesse, encore moins battre le pavé ou quelqu'autre chose; enfin ne pas se poser tantôt sur un pied, tantôt sur un autre; ce qui est une preuve de lâcheté.

Plusieurs, en marchant, traînent les pieds & frottent avec affectation le pavé ou le plancher ; quelques-uns marchent sur la pointe du pied & semblent plutôt sauter que marcher ; d'autres pirouettent sur le talon : ces sortes de marches sont ridicules.

Lorsqu'on est obligé de fléchir le genou, il ne faut pas mettre un pied sur l'autre, ni s'asseoir sur les talons : cette posture annonce beaucoup de rusticité.

Il est contre l'honnêteté et contre la douceur chrétienne, de frapper qui que ce soit du pied : ceux qui s'oublient au point de se laisser emporter à une telle brutalité, prouvent qu'ils ne sont ni bien élevés ni maîtres de leurs passions déréglées.

FIN DE LA PREMIÈRE PARTIE.

LES REGLES
DE LA BIENSÉANCE
ET DE LA
CIVILITÉ CHRÉTIENNE,
DIVISÉES EN DEUX PARTIES.

DEUXIÈME PARTIE.

De la Bienséance dans les actions communes et ordinaires.

CHAPITRE PREMIER.

Du Lever et du Coucher.

Les règles que la raison et la santé nous prescrivent touchant l'heure du lever, consistent à ne se laisser jamais prévenir par le retour du soleil sur notre horison, à moins que des affaires indispensables n'ayent prolongé la veille fort avant dans la nuit : un sommeil trop long nuit à la santé, & l'on ne voit que trop de funestes effets de cette habitude de dormir; d'ailleurs l'homme en quelque condition qu'il se trouve, doit se souvenir qu'il est né pour le travail, & que la lumière du jour ne reparaît à ses yeux que pour l'y appeler.

Aujourd'hui on se plaît à renverser l'ordre établi par la nature, on consume une grande partie de la journée dans le lit, & toute ou presque toute la nuit dans des occupations quelquefois criminelles: le moindre mal qui résulte de cette habitude, c'est le dérangement de la santé. Il faut donc se faire à soi-même une loi de se lever de grand matin, & d'y accoutumer les enfans dès qu'ils commencent à se former, & lorsqu'ils n'ont point d'infirmités qui s'y opposent.

La première chose que l'on doit faire en s'éveillant, c'est de donner son cœur à Dieu par un acte d'amour, & le prier intérieurement avec foi & humilité.

Dès que l'on est éveillé, & que l'on a pris un temps suffisant pour le repos, il faut sortir du lit avec la modestie convenable, & ne jamais y rester à tenir des conversations, ou vaquer à d'autres affaires sans nécessité ou incommodité : rien n'annonce plus sensiblement la paresse & la légèreté : le lit est destiné au repos du corps, & non à toute autre chose : cette évaporation ne peut convenir à un chrétien, dont les premiers moments du réveil doivent être consacrés au recueillement.

Dès que les enfans sont levés & habillés, on doit leur faire réciter à genoux, autant que cela se peut, les prières qui sont en usage, leur faisant observer que rien ne doit jamais dispenser un chrétien d'un devoir aussi saint et aussi essentiel. Il serait de la dernière indécence de souffrir que les enfans adressassent leurs prières au Seigneur tandis qu'on les habille : ce n'est pas le mouvement des lèvres, mais celui du coeur que Dieu demande de nous, et la grande idée que nous devons tous avoir de son infinie majesté, est la règle invariable du maintien, de la posture & de l'attention du chrétien qui prie.

C'est un étrange abus de faire coucher des personnes de différent sexe dans une même chambre; et si la nécessité y oblige, il faut faire en sorte que les lits soient séparés, & que la pudeur ne souffre rien de ce mélange : une grande indigence peut seule excuser cet usage.

Comme l'heure du coucher doit toujours régler celle du lever, il faut habituellement se mettre au lit au plus tard deux heures après le souper, et distribuer si sagement son temps, qu'on ne soit pas plus de sept heures au lit : elles suffisent au repos du corps, à moins qu'il n'ait été excessivement fatigué.

On doit accoutumer les enfans à ne se coucher jamais sans saluer leurs parens et leurs maîtres, s'ils en ont : cette politesse est de devoir, le respect qu'ils doivent aux auteurs de leurs jours, et à ceux qui tiennent leur place, ne saurait se manifester trop fréquemment.

C'est une omission très-criminelle de se coucher sans avoir adoré Dieu, sans l'avoir remercié de ses dons, sans s'être disposé au sommeil par un retour exact sur soi-même.

CHAPITRE II.

De la manière de s'habiller et de se déshabiller.

Le plus sensible effet du péché dans Adam, immédiatement après l'avoir commis, fut la honte que fit naître en lui la vue de sa nudité ; il sentit aussitôt quelle était la nécessité d'un vêtement : Dieu lui en procura, pour lui rappeler la sainteté de l'état dont il était déchu. Le Seigneur fit à Adam & à sa femme, des habits de peaux & les en revêtit. Gen. 3, v. 21. Héritiers de son crime, nous sommes astreints aux mêmes besoins : nos habits, en couvrant nos corps, nous apprennent que le péché y a empreint sa difformité, & que nous ne rougirions pas si nous étions innocens : nous devons donc couvrir avec exactitude ce qui peut faire naître la honte ou la confusion.

On ne doit confier à personne le soin de s'habiller. Ceux qui, dans les ajustemens auxquels ils se suffisent eux-mêmes, se servent de la main d'un autre, décèlent un sot orgueil ou une humiliante mollesse. Dès que les enfans peuvent se servir aisément de leurs bras, on doit les accoutumer à s'habiller eux-mêmes : la maladie ou la trop grande faiblesse est le seul prétexte qui puisse les en dispenser.

Quand on ne doit ni sortir ni re-

rien & ce mêla
peut seult excu
Comme l'heu
jours régler
habituellement
tard deux heur
tribuer si sagem
pas plus de
suffisent au re
qu'il n'ait é
On doit avoi
se coucher jama
rens & leurs gai
politesse est & devo
doivent aux autres
ceux qui tiennent leur
se manifester trop
C'est une vision
coucher sans avoir
l'avoir remerci de
s'être disposé au somm
exact su

...RE III.

...autres Ajustemens.

commis, fut lu...
lui la vue d...
aussitôt qu'elle...
vêtemens : &...
lui rappeler la...
il étoit...
Adame...
peaux &...
héritie...
tran...

trop cou..., trop long
... la couleur & les
...ennem... à l'âge,
... donner dans le
...s dorm... veiller
...abillemens de leurs

...ter l'excès dans la
...aire à la modestie chré-
...i entraîne dans des
...s, excès enfin qui ridi-
...urs celui qui s'y livre.
...quet dans l'habillement,
...ordre, qu'faut, souvent accompagné
... à malpropreté; il est
...ordre extérieur ne soit une
...ordre qui règne dans l'âme:
... se prémunir contre
... exposé ses habits
...ut & les porter avec

... dans les ajustemens
...ne œuvre & folie,

cevoir de visite, on peut, dans la maison, se servir de l'habillement qui paraît le plus commode, pourvu qu'il ne soit pas immodeste; mais on doit éviter la négligence, & ne jamais sortir en négligé, à moins qu'on ne soit surpris par quelques affaires pressantes. Quelque grande que puisse être la chaleur de l'été, il est incivil de paraître devant qui que ce soit les jambes nues, la poitrine, l'estomac & le col découverts.

On ne serait pas obligé de prescrire des règles sur la manière de donner & d'ôter les habillemens, si les hommes étaient plus attentifs, plus modestes & plus honnêtes: il semble que tout est permis sur cet article: cependant la raison dicte à chacun que tout doit être fait dans l'ordre, que la pudeur est indispensable dans les cas où il est si aisé d'en violer les règles.

On doit regarder comme gens sans éducation, ceux qui s'habillent ou se déshabillent en présence de quelqu'un, lorsqu'ils peuvent faire autrement. On sent assez combien l'honnêteté serait blessée par une aussi étrange licence.

CHAPITRE III.

Des Habits et des autres Ajustemens.

Porter un habit trop court, trop long ou trop large, dont la couleur & les ornemens ne conviènnent point à l'âge, à la condition, c'est donner dans le ridicule : les parens doivent veiller avec soin sur l'habillement de leurs enfans.

Il faut éviter l'excès dans la parure; excès contraire à la modestie chrétienne, excès qui entraîne dans des dépenses ruineuses, excès enfin qui ridiculise presque toujours celui qui s'y livre.

La négligence dans l'habillement est un autre défaut, souvent accompagné de celui de la malpropreté; il est rare que le désordre extérieur ne soit une suite du désordre qui règne dans l'âme : on doit donc se précautionner contre les taches, & ne pas exposer ses habits à être souillés, faute de les porter avec attention.

La singularité dans les ajustemens est inexcusable : c'est une preuve de folie, ou l'effet d'un ridicule entêtement : la mode du pays où l'on vit est la règle que l'on doit suivre dans le choix & la forme des habits.

Il ne faut pas cependant donner dans toutes les modes ; il en est de capricieuses & de bizarres, il en est de raisonnables : il faut suivre celles-ci & rejeter celles-là, éviter surtout la folie de ceux qui les inventent à plaisir.

Le véritable moyen de donner des bornes aux modes, & de n'y commettre aucun excès, consiste à suivre les règles de la modestie, qui doit être la règle inviolable des Chrétiens : il faut donc bannir des habits tout ce qui annonce un luxe outré, ou une vanité méprisable. L'homme qui met sa gloire & son amour dans de somptueuses parures, s'avilit en croyant se distinguer : car un mérite est bien médiocre, s'il a besoin d'être relevé par l'éclat de l'or & des pierreries. C'est le propre des femmes d'épuiser toutes les ressources de la vanité : aussi l'Apôtre des Nations s'élève-t-il avec force contre ces humiliantes faiblesses ; il exhorte les femmes à être modestes dans leurs habillemens, à regarder la chasteté comme un ornement plus précieux que l'or, les perles & la somptuosité des ajustemens; il veut que leur extérieur annonce la piété, & que les bonnes oeuvres soient leur plus brillante livrée. Que les femmes, dit l'Apôtre, étant vêtues comme l'honnêteté le demande, se parent de pudeur & de sagesse, non avec des cheveux frisés, ni des ornemens d'or, ni des perles, ni des habits somptueux; mais avec de bonnes oeuvres, comme il convient à des femmes qui font profession de piété. (1 Ep. à Timothée, c. 2, v. 9 et 10.)

On doit éviter la bigarrure dans la manière de s'habiller; ne point porter un habit propre avec du linge sale, ou du linge propre avec des habits usés ou tachés. Changer souvent de linge, lorsqu'on le peut, est aussi essentiel à la santé, que conforme à l'honnêteté & à la décence.

Le chapeau doit être conforme à la mode, ainsi que le reste des habillemens: il faut donc la suivre aussi en ce point. La manière de le mettre sur la tête n'est pas une de ces choses indifférentes que l'on peut fuir ou omettre : rien n'est si ridicule que de le poser sur l'oreille, ou la pointe en haut, ou trop bas sur les yeux; mais il faut le placer droit sur la tête, la pointe au milieu du front.

Il faut, en saluant, ôter le chapeau, autant qu'il est possible, de la main droite, le descendre vers le côté, et le dedans contre la cuisse, sans cependant la toucher; et si l'on doit rester découvert, le placer toujours sous le bras gauche : rien ne caractérise mieux un homme poli que la manière de saluer.

Lorsqu'étant assis, on est obligé de se tenir découvert, il ne faut pas mettre son chapeau sous le bras, mais le poser sur les genoux ou dans quelqu'endroit destiné à cet usage.

Il ne faut pas attendre que l'on soit tout proche de la personne, pour ôter son chapeau en la saluant, mais le faire à cinq ou six pas; à table ou en lieu de visite, il faut être toujours découvert. On ne saurait indiquer toutes les autres circonstances particulières dans lesquelles on doit se découvrir, mais en général, on doit le faire lorsqu'on rencontre quelqu'un que l'on connaît; la plus intime amitié ne dispense pas deux amis de ce devoir, lorsqu'ils se trouvent en public. C'est un ridicule de se découvrir à chaque question à laquelle on répond ou que l'on fait, à chaque chose que l'on donne ou que l'on reçoit; il suffit de s'incliner: d'ailleurs, si l'on reçoit quelque chose d'un homme respectable, on est censé découvert devant lui tandis qu'il parle; et s'il permet qu'on se couvre, on reçoit ce qu'il donne avec une médiocre inclination. En général, on doit accoutumer les enfans à se tenir découverts dans les appartemens.

Lorsqu'on se sert de gants, il faut les ôter quand on entre à l'Eglise, & ne les remettre que quand on en sort. On ne doit jamais souffrir que les enfans mangent avec des gants, & il est bon de les accoutumer de bonne heure à n'être pas esclaves d'une molle délicatesse; il n'y a que des esprits volages qui puissent se faire un jeu & badiner en compagnie avec des gants, en les jetant ou en frappant quelqu'un.

C'est une négligence impardonnable de porter des bas percés ou déchirés, de les laisser tomber sur les talons, d'avoir aux pieds des souliers malpropres & mal faits, de s'en servir en pantoufles, ou de les chausser sans boucles.

Comme il est d'usage de tenir le haut de la veste un peu ouvert, il faut avoir soin que la chemise ne s'ouvre pas, & ne découvre la poitrine; il est indécent de sortir de la maison sans un col, cravate ou mouchoir.

CHAPITRE IV.

De la Nourriture.

Dieu ne défend pas le goût que la nature nous fait prendre dans les alimens qu'elle nous offre; mais la Religion & la raison s'accordent pour nous interdire la sensualité & la gourmandise.

L'Apôtre Saint-Paul dit expressément que, soit que nous buvions, soit que nous mangions, nous devons toujours tendre à la gloire de Dieu: la nécessité doit donc être le seul motif d'une action qui, par elle-même, est plutôt un assujétissement qu'une perfection de notre nature.

On doit également s'interdire toute conversation qui n'aurait pour objet que la table; & si l'on se trouvait obligé d'en parler, il faut le faire sans affectation, ne point rappeler avec complaisance les repas auxquels on s'est trouvé, encore moins faire parade des invitations que l'on attend.

La tempérance exige que l'on mange à des heures réglées, autant que cela se peut. Les enfans, à qui la nécessité oblige de donner à boire & à manger dans d'autres temps que ceux marqués pour les repas, ne sont pas des exemples pour ceux qui ont plus d'âge & plus de force; & l'on regarderait avec raison comme un gourmand insatiable celui qui mangerait à toute heure, & comme un ivrogne celui qui boirait sans nécessité hors du repas.

Les parties que l'on forme pour avoir la vile satisfaction de boire & de manger avec excès ou sensualité dans des déjeûners particuliers, ne sont pas moins contraires à la tempérance chrétienne qu'à la sobriété de l'homme bien né.

Dans les dépenses ordinaires, il ne faut manger qu'avec beaucoup de modération: le dîner & le souper suffisent, avec un léger soulagement, à la réparation & à l'entretien des forces du corps.

Lorsqu'un étranger ou un ami arrive entre les repas, il n'est plus d'usage de lui offrir à boire, à moins que l'on ne s'aperçoive qu'il est fatigué : en ce cas, il faudrait prévenir ses besoins, & lui éviter la peine de demander soit à boire, soit à manger : ce serait une incivilité de ne pas boire au moins un coup avec lui ; mais ce serait une intempérance impardonnable de l'exciter à boire, pour se satisfaire sous ce prétexte. Les enfans ne sont jamais dans ce cas, ils peuvent, en offrant des rafraîchissemens, refuser, sans impolitesse, d'y prendre part.

Les festins qui se donnent entre parens ou autres amis, doivent toujours être des écoles de sobriété, afin que les enfans que souvent on y conduit, ne prennent aucunes leçons de débauche & de gourmandise. La joie qui accompagne les repas d'amitié ou de bienséance, pour être conforme à l'esprit de l'Evangile, ne doit être ni excessive ni contrainte ; les chansons obscènes, les médisances, les railleries, les propos qui excitent à sortir des bornes de la sobriété, sont autant de défauts qui rendent criminelles des assemblées formées par un motif honnête.

Les enfans, à ces tables comme à toutes les autres, doivent se comporter avec décence & propreté, & ne pas désigner ce qui flatte leur goût, ne point toucher les plats, encore moins ce qui est dedans, demander poliment ce dont ils ont besoin; enfin observer exactement ce qui est dit dans les chapitres suivans.

CHAPITRE V.

De ce que l'on doit observer avant le Repas.

Le reproche que Jésus-Christ fait dans l'Evangile aux Pharisiens, de faire consister la perfection de l'âme dans les cérémonies extérieures, au rang desquelles ils plaçaient le lavement des mains avant le repas : ce reproche, dis-je, ne dispense pas les hommes de se laver avant que de se mettre à table : ce n'est point une pratique de religion, mais c'est une règle prescrite par la propreté.

Les enfans ne sont pas assez d'attention, lorsqu'ils se lavent les mains, à ne point faire jaillir de l'eau sur leurs habits; quelquefois ils font du bruit avec les mains en les frappant l'une contre l'autre, les essuyent à des linges malpropres: c'est une très-mauvaise habitude, dont on doit les corriger.

Lorsqu'on est prêt à se mettre à table, il ne faut pas se porter vers l'endroit le plus commode, ni choisir soi-même une place; mais on doit attendre que les premières places soient prises par les personnes qui méritent de les remplir: on appelle premières places celles que le maître de la maison désigne particulièrement & avant toutes les autres; elles varient selon la forme des tables, & selon les saisons et les lieux. Un jeune homme doit toujours se placer à l'endroit le plus incommode, à moins qu'on ne l'oblige d'en prendre un autre, d'ailleurs il doit se placer le dernier.

On ne sauroit donner des éloges trop sincères à ceux qui ont conservé la louable coutume de prier, avant le repas, le Seigneur de bénir les viandes, & de l'en remercier. Peut-on jamais oublier qu'il est l'auteur de tout bien, & que nous ne tenons pas moins de sa main bienfaisante la conservation que l'existence. Aujourd'hui, par le plus étrange des abus, on n'adresse plus à Dieu aucune prière vocale ni même mentale avant le repas : une personne vraiment chrétienne n'en est pas moins obligée de prier Dieu de bénir la nourriture que l'on va prendre. Il ne faut point user d'affectation ; mais aussi ne faut-il pas rougir d'un signe de croix ou d'une élévation secrète de l'âme vers l'Auteur de tout bien : ainsi, soit avant que de s'asseoir, soit après que l'on est assis, il faut faire une courte prière. Dieu entend mieux le langage du coeur que celui des lèvres ; ce serait donc une erreur de croire que le Benedicite n'est pas bien dit, parce qu'il n'a pas été prononcé de vive voix et par une suite de paroles : l'essentiel et le devoir consistent à ne jamais l'omettre, sous quelque prétexte que ce soit. Dès que l'on a pris le siége, il faut s'asseoir et se tenir de manière que l'on ne soit ni nonchalamment renversé sur le dos de sa chaise, ni courbé, encore moins accoudé sur la table : on ne doit y appuyer que les poignets ; encore serait-ce une incivilité de pa-

tention, lorsqu'ils se lavent les mains, à ne point faire jaillir de l'eau sur leurs habits; quelquefois ils font du bruit avec les mains en les frappant l'une contre l'autre, les essuyent à des linges mal propres: c'est une très-mauvaise habitude, dont on doit les corriger.

Lorsqu'on est prêt à se mettre à table, il ne faut pas se porter vers l'endroit le plus commode, ni choisir soi-même une place; mais on doit attendre que les premières places soient prises par les personnes qui méritent de les remplir: on appelle premières places celles que le maître de la maison désigne particulièrement & avant toutes les autres; elles varient selon la forme des tables, & selon les saisons et les lieux. Un jeu homme doit toujours se placer à l'endroit le plus incommod ins qu'on d'en pre re, d doit se

On ne ma-
trop sincère
ble coutum
Seigneur
'en rem
c'est

ne tenons pas moins de sa main bienfaisante la conservation que l'existence. Aujourd'hui, par le plus étrange des abus,
on n'adresse plus à Dieu aucune prière
vocale ni même mentale avant le repas : une personne vraiment chrétienne
n'en est pas moins obligée de prier Dieu
de bénir la nourriture que l'on va
prendre. Il ne faut point user d'affectation ; mais aussi ne faut-il pas rougir
d'un signe de croix ou d'une élévation secrète
de l'âme vers l'Auteur de tout bien :
ainsi, soit avant que de s'asseoir, soit
après que l'on est assis, il faut faire
une courte prière. Dieu entend mieux le
langage du coeur que celui des lèvres ;
ce serait donc une erreur de croire que le
Benedicite n'est pas bien dit, parce qu'il
n'a pas été prononcé de vive voix et
par une suite de paroles : l'essentiel et le
onsistent à ne jamais l'omettre,
e prétexte que ce soit. Dès que
, il faut s'asseoir et
e l'on ne soit ni trop
le dos de la
oint accoudé sur
uyer que le
ilité de par-

tention, lorsqu'ils se lavent les mains, à ne point faire jaillir de l'eau sur leurs habits; quelquefois ils font du bruit avec les mains en les frappant l'une contre l'autre, les essuyent à des linges malpropres: c'est une très-mauvaise habitude, dont on doit les corriger.

Lorsqu'on est prêt à se mettre à table, il ne faut pas se porter vers l'endroit le plus commode, ni choisir soi-même une place; mais on doit attendre que les premières places soient prises par les personnes qui méritent de les remplir: on appelle premières places celles que le maître de la maison désigne particulièrement & avant toutes les autres; elles varient selon la forme des tables, & selon les saisons et les lieux. Un jeune homme doit toujours se placer à l'endroit le plus incommode, à moins qu'on ne l'oblige d'en prendre un autre, d'ailleurs il doit se placer le dernier.

On ne saurait donner des éloges trop sincères à ceux qui ont conservé la louable coutume de prier, avant le repas, le Seigneur de bénir les viandes, & de l'en remercier. Peut-on jamais oublier qu'il est l'auteur de tout bien, & que nous ne tenons pas moins de sa main bienfaisante la conservation que l'existence. Aujourd'hui, par le plus étrange des abus, on n'adresse plus à Dieu aucune prière vocale ni même mentale avant le repas : une personne vraiment chrétienne n'en est pas moins obligée de prier Dieu de bénir la nourriture que l'on va prendre. Il ne faut point user d'affectation ; mais aussi ne faut-il pas rougir d'un signe de croix ou d'une élévation secrète de l'âme vers l'Auteur de tout bien : ainsi, soit avant que de s'asseoir, soit après que l'on est assis, il faut faire une courte prière. Dieu entend mieux le langage du cœur que celui des lèvres ; ce serait donc une erreur de croire que le Benedicite n'est pas bien dit, parce qu'il n'a pas été prononcé de vive voix & par une suite de paroles : l'essentiel & le devoir consistent à ne jamais l'omettre, sous quelque prétexte que ce soit. Dès que l'on a pris le siége, il faut s'asseoir & se tenir de manière que l'on ne soit ni nonchalamment renversé sur le dos de la chaise, ni courbé, encore moins accoudé sur la table : on ne doit y appuyer que les poignets ; encore serait-ce une incivilité de par-

tention, lorsqu'ils se lavent les mains, à ne point faire jaillir de l'eau sur leurs habits; quelquefois ils font du bruit avec les mains en les frappant l'une contre l'autre, les essuyent à des linges mal-propres: c'est une très-mauvaise habitude, dont on doit les corriger.

Lorsqu'on est prêt à se mettre à table, il ne faut pas se porter vers l'endroit le plus commode, ni choisir soi-même une place; mais on doit attendre que les premières places soient prises par les personnes qui méritent de les remplir: on appelle premières places celles que le maître de la maison désigne particulièrement avant toutes les autres; elles varient selon la forme des tables, et selon les saisons et les lieux. Un jeune homme doit toujours se placer à l'endroit le plus incommode, à moins qu'on ne l'oblige d'en prendre un autre, d'ailleurs il doit se placer le dernier.

On ne sçauroit donner
trop sincères ceux qui ont ce
ble coutume de prier, avan
Seigneur bénir les
l'en remercier. Peut-ê
qu'il est l'auteur de tout

ne tenons pas moins de sa main bienfaisante la conservation que l'existence. Aujourd'hui, par le plus étrange des abus,
on n'adresse plus à Dieu aucune prière
vocale ni même mentale avant le repas : une personne vraiment chrétienne
n'en est pas moins obligée de prier Dieu
de bénir la nourriture que l'on va
prendre. Il ne faut point user d'affectation ; mais aussi ne faut-il pas rougir
d'un signe de croix ou d'une élévation secrète
de l'âme vers l'Auteur de tout bien :
ainsi, soit avant que de s'asseoir, soit
après que l'on est assis, il faut faire
une courte prière. Dieu entend mieux le
langage du cœur que celui des lèvres ;
ce serait donc une erreur de croire que le
Benedicite n'est pas bien dit, parce qu'il
n'a pas été prononcé de vive voix et
par une suite de paroles : l'essentiel et le
devoir consistent à ne jamais l'omettre,
sous quelque prétexte que ce soit. Dès que
l'on a pris le [illegible] fut s'asseoir et
[illegible] soit ni mon-
[illegible] de la
[illegible] udé sur
[illegible] que le

raître plier le poids du corps sur cet appui. Il arrive souvent que les chaises sont trop hautes pour que les enfans posent aisément les pieds par terre: si on ne peut leur procurer un marche-pied, du moins il faut les empêcher de remuer les jambes; & pour rendre leur situation moins incommode, on doit les approcher plus près de la table.

La serviette qui est posée sur l'assiette étant destinée à préserver les habits des taches ou autres malpropretés inséparables des repas, il faut tellement l'étendre sur soi qu'elle couvre le devant du corps jusques sur les genoux, en allant au-dessous du col, & non la passant en dedans dudit col.

La cuiller, la fourchette & le couteau doivent toujours être placés à la droite.

CHAPITRE VI.

De ce que l'on doit observer pendant le Repas.

C'est un signe manifeste de la plus grossière gourmandise de se faire servir le premier, & de marquer son avidité par le remuement de son assiette, ou quelqu'autre signe que ce soit.

La cuiller est destinée pour les choses liquides, & la fourchette pour les viandes de consistance.

Lorsque l'une ou l'autre est sale, on peut les nettoyer avec la serviette, s'il n'est pas possible de se procurer un autre service ; il faut éviter de les essuyer avec la nappe : c'est une malpropreté impardonnable.

Quand l'assiette est sale, il faut en demander une autre : ce serait une grossièreté révoltante de la nettoyer avec les doigts, avec la cuiller, la fourchette & le couteau.

C'est une grossière inadvertance de tenir la fourchette, la cuiller ou le couteau élevés dans la main, de gesticuler avec, de porter un morceau de pain à la bouche avec le couteau, de se servir tout-à-la-fois de sa cuiller & de sa fourchette, de les tenir de la main gauche, de les essuyer avec la langue, de les enfoncer dans la bouche ; cependant, si l'on coupe un morceau de viande, il faut alors tenir la fourchette de la gauche & le couteau de la droite.

En mangeant la soupe, on doit éviter d'en trop mettre dans la cuiller, d'en emplir tellement sa bouche qu'on ait peine à respirer. Les enfans refusent quelquefois le potage, et cela par gourmandise, dans la crainte de ne pouvoir se remplir assez promptement des friandises qu'ils aiment avec excès: ce défaut demande beaucoup de vigilance de la part des parens.

Rien n'est plus malpropre que de se lécher les doigts, de toucher les viandes & de les porter à la bouche avec la main, de remuer les sauces avec le doigt, ou d'y tremper le pain avec la fourchette pour le sucer.

On ne doit jamais prendre du sel avec les doigts, ni avec le bout du manche de la cuiller ou de la fourchette, mais avec la pointe du couteau ou avec une cuiller blanche.

C'est une grande incivilité de tenir le gobelet à deux mains, de tousser dedans, & le porter à la bouche quand elle est pleine; il faut encore éviter de le laisser à demi-plein sur la table dans la crainte d'épancher ce qui est dedans sur la nappe, & de la gâter.

Il est très-ordinaire aux enfans d'entasser morceaux sur morceaux, de retirer même de la bouche ce qu'ils y ont mis & qui est mâché, de pousser les morceaux avec les doigts : rien n'est plus malhonnête. Quelquefois ils indiquent les mets qui les flattent : c'est une impolitesse ; car, quoique l'on ne soit pas obligé de manger des viandes pour lesquelles on sent trop de répugnance, & qu'il soit même prudent de ne contraindre pas l'estomac des enfans, il ne faut pas pour cela tolérer en eux cette prédilection, plus souvent inspirée par la sensualité que par une raison de santé : s'ils éprouvent du dégoût pour certains alimens, ils doivent remercier poliment, sans autre explication.

C'est une curiosité gourmande de jeter les yeux sur l'assiette de son voisin, de paraître avide des morceaux qu'on lui a servis : ce serait une imprudence grossière de prétendre les partager avec lui, à moins qu'il ne l'offrît lui-même avec de vives instances. Porter les viandes au nez, les flairer ou les donner à flairer, est une autre impolitesse qui attaque le maître de la table; & s'il arrive que l'on trouve quelque malpropreté dans les aliments, il faut les retirer sans les montrer, & les cacher même avec soin sur un coin de l'assiette.

Si la santé exige de boire pendant le repas, la sobriété défend de le faire trop souvent, & s'y exciter mutuellement. Les enfans doivent toujours tremper leur vin, au moins de deux tiers d'eau. L'usage des santés est presqu'entièrement aboli, ainsi que celui d'approcher son verre de celui des autres. Comme il est d'une basse familiarité de boire à plusieurs reprises, il faut donner aux enfans des verres assez petits pour qu'ils puissent les vider tout d'une haleine.

Lorsque le dessert est servi, il ne faut pas y porter la main : l'usage permet de demander ce qui fait plaisir; mais il n'est pas permis de le prendre, à moins que ce ne soit pour le présenter à une personne que l'on respecte.

Les fruits tentent violemment les enfans; il n'est pas de gestes qu'ils n'emploient pour faire connaître leur goût; il faut leur faire perdre cette habitude, ainsi que celle de mordre dans ces poires, pommes, pêches, etc. On doit se servir du couteau pour partager ces fruits, & les peler avant que de les porter à la bouche; mais il ne faut point toucher les confitures & autres sucreries liquides, avec le couteau, encore moins avec les doigts.

Les enfans remplissent souvent leurs poches de ce qu'ils ne peuvent manger: on doit le leur défendre, à moins que le maître de la maison ne les y oblige.

Enfin, les autres défauts contre la politesse, que l'on doit éviter dans un repas, sont 1°. d'y trop parler, soit de la bonne chère que l'on fait, soit de toute autre matière inutile; 2°. d'y rire avec excès; 3°. de faire & jeter des boules de pain, c'est une insolence; 4°. d'y être taciturne & trop occupé de ce que l'on fait; 5°. de faire hautement ses adieux, si quelqu'affaire oblige de sortir au milieu du repas; 6°. de s'endormir ou même de s'assoupir: si l'on ne peut résister à l'accablement, il faut se retirer en silence; 7°. d'appeler les conviés par leur nom, chaque fois qu'on leur parle; 8°. d'affecter de se faire écouter quand on est obligé de répondre.

Les parens doivent éviter avec un soin extrême de conduire leurs enfans dans les repas où règne la licence, & même dans ceux où l'on ne doit traiter que d'affaires sérieuses : dans les premiers, on expose leur innocence ; dans les derniers, ils deviennent incommodes, & souvent dangereux, à cause de leur indiscrétion : si les repas se donnent dans leurs propres maisons, il les faut faire sortir au dessert, temps où le propos s'égaie.

CHAPITRE VII.

De ce que l'on doit observer après le Repas.

Pour cesser de manger, il ne faut pas attendre que le signal pour se lever de table soit donné, ou que le maître de la maison se lève ; on ne doit jamais manger le premier ni le dernier : c'est l'avis du Sage ; & c'est surtout aux enfans qu'il appartient de quitter la table les premiers.

S'il est du devoir d'un chrétien de prier Dieu avant le repas, l'est-il moins de le remercier après avoir fait usage des biens que nous tenons de sa main bienfaisante? On doit donc, après chaque repas, rendre à Dieu des actions de grâces par une courte mais fervente prière.

On ne doit point sortir de table avec un air de précipitation ou de chagrin, et ne pas quitter brusquement la compagnie.

Quand on le peut, il faut se laver les mains, surtout si l'on prévoit que l'on sera de quelque partie de jeu.

Ce serait une incivilité de se curer les dents en pleine compagnie, on doit se retirer dans une embrasure de fenêtre ou à l'écart, même sortir de l'assemblée, si on le peut, sans gêner les personnes qui la composent.

Si quelques affaires particulières obligent un des conviés à se séparer de la compagnie aussitôt après le dîner, il ne faut pas qu'il l'interrompe par des adieux déplacés, ni même qu'il remercie dans cet instant celui qui l'a invité, surtout s'il ne pouvait lui faire ses remercîmens sans le distraire des égards qu'il s'empresse de rendre à ses convives, il est d'autres momens plus favorables.

Il ne faut pas accoutumer les enfans à dormir après le repas : ce sommeil peut être très-pernicieux : encore moins doit-on les laisser courir à des exercices trop violens.

CHAPITRE VIII.

Des Divertissemens.

Le divertissement est un exercice auquel on peut employer quelques momens du jour pour délasser l'esprit des occupations sérieuses qui l'ont tenu dans la contrainte, et le corps des fatigues qu'il a essuyées par un pénible travail.

Dieu, qui connaît la faiblesse de la nature, autorise les délassemens nécessaires à la réparation des forces qu'une trop longue agitation fait perdre : la consécration du septième jour après la création, est une image du repos que nous devons nous procurer après le travail. Jésus-Christ lui-même interrompit sa mission laborieuse, pour procurer à ses Apôtres un court mais nécessaire délassement.

dans les plus beaux siècles de l'Eglise, les fidèles, encore animés de cette ferveur qui se sentait de la présence visible du Sauveur, consacraient certains jours à la joie & au repos : mais cette joie était pure; ce repos était distingué d'une molle & criminelle oisiveté. Les plaisirs d'un Chrétien doivent être pesés dans la balance de la modération & de la nécessité. Tous les divertissemens en usage ne sont pas licites, tous les jeux ne sont pas permis; souvent sous le nom spécieux & équivoque de partie de plaisir, on cache des projets de débauche : il faut donc consulter, dans le divertissement, la foi de Dieu, celle de l'honnêteté.

La conversation forme la récréation la plus ordinaire après le repas; elle doit être enjouée sans puérilité, utile sans trop de sérieux : on doit rire; & le Sage dit qu'il est un temps destiné au divertissement. Mais les ris doivent toujours être modérés : rire avec éclat, c'est grossièreté; rire sans sujet, c'est bêtise; rire de tout indifféremment, c'est légèreté & incirconspection.

On ne doit jamais tourner personne en ridicule, pour se procurer l'occasion de se réjouir ; & la Religion doit toujours être respectée dans ses conversations.

Les plus grossières obscénités révoltent ceux en qui tout sentiment de pudeur n'est pas entièrement étouffé ; mais on les voile sous des propos équivoques pour les faire goûter dans une conversation licencieuse : le crime gazé est-il moins crime ? Souvent & presque toujours, il en est plus dangereux. La pureté qu'un Chrétien honnête homme doit conserver, s'offense de discours qui, quoiqu'artificiellement déguisés, tendent à rendre agréables des objets ou des sujets impurs : il faut donc éviter avec un soin extrême tout ce qui peut, même indirectement, dans la conversation, blesser la pudeur : si l'on entend quelques traits qui tendent à l'obscénité, il faut fermer l'oreille, si l'on veut garantir son coeur de la corruption : rien n'est indifférent, tout y est péril : on doit mettre à sa bouche une garde & circonspection.

Les enfans ne doivent jamais interrompre ceux qui parlent, par des interrogations qui seraient même sérieuses & utiles : quand on leur demande quelque chose, ils doivent répondre avec modestie. Il n'est pas nécessaire qu'ils se découvrent à chaque demande, il suffit de faire une légère inclination à la fin de la conversation : les gestes trop affectés ou trop réitérés ne sont pas de mise chez les enfans. On doit encore leur défendre de fixer effrontément ceux avec qui ils conversent, d'écouter ceux qui adressent la parole à d'autres, tandis qu'ils ne font aucune attention à ce qu'on leur dit ; de rire ou d'éclater en parlant, de parler de choses qu'ils ne conçoivent qu'avec peine ; en un mot, il faut convaincre les enfans que leur devoir est d'écouter, de parler peu, & ne parler qu'à propos.

C'est une imprudence de rire des défauts d'autrui, nous en sommes tous remplis : souvent celui qui raille imprudemment son frère sur une imperfection volontaire ou naturelle, donne lui-même matière à la plus ample censure de sa propre conduite.

Il est des personnes qui, ayant lâché un bon mot, semblent mendier l'approbation de ceux qui les entendent, par un ris affecté : c'est le vice familier d'un sot & d'un demi-savant. S'il est permis de rire, il est très-malhonnête d'éclater & de prolonger le rire au-delà des justes bornée d'une honnête modération; c'est le propre de l'insensé d'élever la voix en riant, dit l'Ecclésiastique : que ceux qui perdent la respiration à force de rire, se jugent par cette règle. En général, le ris ne convient pas à l'homme sage, s'il n'est très-modéré.

La promenade est une autre espèce de divertissement qui contribue beaucoup à la santé : lorsqu'on est en compagnie, il faut donner le milieu à la personne la plus respectable; si l'on est deux, il faut lui donner la droite : cette situation cependant ne doit pas changer quand on retourne sur ses pas.

Quand on est dans les rues, il faut placer la personne que l'on respecte du côté des maisons, lorsque le ruisseau se trouve au milieu de la rue; & s'il s'en trouve deux, il faut donner la droite.

C'est un défaut assez commun aux jeunes gens, lorsqu'ils se promènent en public, de s'entrelacer les bras, & marcher à grands pas, de sauter, & pousser ceux qui passent, de rire haut, & souvent au nez des personnes qu'ils rencontrent : rien n'annonce plus sensiblement un esprit léger ou un cerveau dérangé : l'homme de bon sens, & qui sait ce qu'il faut, ne doit jamais s'oublier au point de donner le spectacle d'une indécente familiarité, ou d'une évaporation continuelle.

Le jeu est une autre espèce de divertissement, mais qui exige de grandes précautions : il est bien d'observer :

1°. Que tout honnête homme doit s'interdire les jeux de hasard.

2°. Les jeux d'exercice doivent toujours être préférés à ceux de séance et d'application : mais il faut y être modéré & ne pas s'y échauffer outre mesure.

3°. Il est dangereux de jouer gros jeu, parce que le jeu dégénère alors en passion, & devient la cause de mille dangereux excès.

4°. On doit éviter, dans toute espèce de jeu, les emportemens & les vivacités : rien n'est plus incivil & plus bas que de témoigner de la sensibilité quand on perd, ou une joie excessive quand on gagne. Le jeu n'est pas un commerce où l'on ne doive s'occuper que du gain : être avare au jeu, c'est laisser entrevoir une bassesse de sentimens indignes d'un homme qui pense. Il ne faut cependant pas, en évitant ce vice, être prodigue par complaisance ou par vanité; mais il faut jouer selon toutes les règles du jeu, & pour se procurer de l'amusement.

5°. Etre fripon au jeu, est presque toujours une marque qu'on l'est en toute autre circonstance; car les caractères ne se manifestent jamais plus sensiblement que dans les parties de jeu: il est donc très-important de ne point abuser de la bonne foi des autres, & de conserver une exacte fidélité au jeu: c'est un vol, & par conséquent une injustice.

6°. On ne doit parler que très-poliment aux personnes qui ont commis quelques fautes dans le jeu, & ne prendre jamais un ton de maître vis-à-vis d'elles.

7°. C'est une incivilité de chanter, de siffler, de parler à d'autres pendant qu'on joue, de battre des pieds, de remuer les mains, ou de faire quelques autres signes qui annoncent la passion.

8°. Lorsque l'on est engagé avec des personnes sensibles à la perte, & d'une humeur fâcheuse, il ne faut pas quitter la partie le premier, si l'on gagne, mais attendre que celui ou celle qui est en perte, termine le jeu, & ne plus s'exposer à jouer avec ces sortes de caractères.

9°. Tout homme qui se connaît sensible au jeu, doit absolument s'en abstenir : il en est de même de celui qui a éprouvé, par expérience, qu'il perd plus souvent qu'il ne gagne.

10°. On ne doit jamais fréquenter les académies de jeu : ce sont des écoles de friponneries, de blasphèmes, souvent même d'insultes & de querelles : on y expose son salut, sa réputation, sa vie & sa fortune.

Le chant est un divertissement honnête, agréable & même utile à la santé ; mais il faut éviter avec soin de chanter ou d'écouter avec plaisir des chansons obscènes.

L'Apôtre Saint Paul, dans deux de ses épîtres, ordonne aux Chrétiens de chanter des psaumes, des hymnes à la gloire du Seigneur, & d'accorder dans le chant le coeur avec la voix, parce que ce sont les louanges du Très-Haut. Il serait à désirer que les Chrétiens appliquassent les règles de la musique aux paroles saintes des psaumes & des cantiques, que l'on a traduits en langue vulgaire, pour l'intelligence du peuple: mais si on cherche, dans la fable ou dans les actions des héros, des morceaux dignes du goût & de l'art, on ne peut, sans blesser la sainteté du nom chrétien, y mettre des sentimens qui porteraient à la licence.

Ceux qui ont la voix belle et gracieuse, ne doivent jamais s'en prévaloir ni chanter en interrompant les autres, pour se faire admirer; il faut être fat pour indiquer, à ceux qui écoutent, les endroits où la voix se fait entendre avec plus d'agrément & d'art; c'est une vanité méprisable de prévenir les applaudissemens, par des gestes approbateurs: on doit également se rendre à la première invitation que l'on fait de chanter.

Les grands gestes dans le chant ne conviennent qu'à des acteurs; dans un cercle privé, on doit conformer doucement les gestes aux paroles & aux gradations de la voix: car il serait ridicule d'être, en chantant, aussi immobile qu'une statue. Ce que l'on dit ici de la voix, regarde aussi les instrumens.

CHAPITRE IX.

Des Visites.

Nous sommes nés pour la société, les visites sont les liens ordinaires de cette société, & la bienséance exige qu'on ne se prive pas de la conversation des hommes, pour se retirer dans la solitude.

Il est des visites nécessaires, prescrites par la justice & la charité; il est des visites de bienséance et d'utilité, dont on ne peut raisonnablement se dispenser; enfin il est des visites absolument interdites aux Chrétiens de tout âge & de toute condition.

La justice & la charité exigent que nous visitions nos parens malades, affligés ou dans l'embarras d'une affaire épineuse, ceux avec lesquels nous avons des différends, des querelles & même des procès : l'Evangile nous en fait un devoir capital, lorsqu'il nous ordonne d'aimer nos ennemis. Le paganisme même regardait comme une vertu conforme à la grandeur de l'homme, la bienséance envers ceux qui nous haïssent. La justice veut que nous rendions visite à nos supérieurs, pour leur témoigner le respect et la confiance qu'ils ont droit d'attendre de nous. La charité veut que nous visitions nos inférieurs, pour les édifier, les consoler et leur procurer les services qui peuvent leur être utiles. Imitons dans nos visites la conduite de Jésus-Christ, notre chef et notre modèle : s'il va chez Zachée, c'est pour lui procurer son salut ; s'il va chez Marthe, c'est pour lui rendre un frère chéri, en l'arrachant du sein de la mort ; s'il entre dans la maison du Centenier, c'est pour opérer une guérison miraculeuse : toutes les visites de ce divin Sauveur, sont marquées par quelques bienfaits. Il ne faut donc jamais en faire d'inutiles : quand on ne commettrait d'autres fautes, en allant ainsi de maison en maison, que la perte du temps, cela suffirait pour nous rendre plus circonspects sur cet article.

Les visites pour affaires doivent être proportionnées, pour la durée, au sujet que l'on y traite ; celles que l'on rend par pure familiarité, par la vue seule de amusemens, ne sont permises à un homme raisonnable, que lorsqu'elles ne consument pas le temps destiné au travail.

Il ne faut pas, en rendant visite, s'annoncer par un grand bruit, soit en frappant rudement à la porte, soit en criant & appelant à haute voix.

Il faut éviter, lorsque l'on charge quelqu'un de nous annoncer, de se donner à soi-même le nom de Monsieur : il suffit de dire son nom.

Quand on rend une visite, et que l'on trouve la porte fermée, il ne faut pas heurter avec violence, mais frapper doucement, de manière cependant que l'on puisse se faire entendre : si, après avoir frappé deux ou trois fois, personne ne vient ouvrir, il faut s'en aller & remettre la visite à un autre moment. Lorsqu'au lieu de marteau posé sur la porte, on trouve le cordon d'une sonnette, on ne doit pas la faire sonner avec violence, dans la crainte de la casser; et il faut laisser, entre la première & la seconde fois que l'on frappe ou que l'on sonne, assez d'intervalle pour que l'on puisse venir ouvrir.

Quelque familier que l'on soit dans

une maison, on ne doit jamais entrer dans un appartement sans avertir, de quelque manière que ce soit, quand bien même on trouverait la porte ouverte.

Lorsqu'on attend dans une salle, c'est une incivilité de chanter, de siffler, de toucher les meubles, & regarder par la fenêtre.

On ne saurait avertir trop fréquemment les enfans de ne porter la main sur aucune chose dans les appartemens où ils se trouvent.

Si, en entrant dans un appartement, on trouve la personne à qui l'on rend visite, occupée à parler à d'autres, il ne faut pas l'interrompre brusquement, mais attendre qu'elle soit libre, & s'en tenir éloigné, jusqu'à ce que ses affaires soient terminées.

C'est une faute contre la bienséance, en visitant quelqu'un ou en le rencontrant dans les rues, de lui parler de loin & de lui demander, en criant, l'état de sa santé.

Dans les appartemens où il se trouve des fauteuils & des chaises, un jeune homme ne doit pas prendre un fauteuil; & si on le lui offre, il commettrait une grande incivilité de s'y étaler avec une fastueuse indécence, & s'approcher si près de la personne à laquelle il rend visite, que son haleine puisse l'incommoder : il n'appartient qu'au fat, à l'étourdi, de s'asseoir familièrement sur les siéges réservés aux personnes d'âge.

Dans les visites que l'on rend, on doit éviter avec soin les longueurs : dès que l'on a satisfait aux devoirs de la bienséance, ou que l'on s'est acquitté de la commission dont on était chargé, il faut se retirer & ne pas distraire inutilement ceux à qui l'on rend visite; si on se trouve dans une compagnie nombreuse, il faut se retirer doucement, sans que l'on s'aperçoive de la sortie, & cela pour éviter le dérangement & l'embarras.

Quand la personne que l'on visite veut nous conduire jusqu'à la porte, ou de l'appartement ou même de la rue, nous ne devons pas nous y opposer; mais il faut lui en témoigner notre reconnaissance.

Faire attendre les personnes qui viennent nous visiter, c'est une incivilité très-grossière; & si l'on était retenu par quelques personnes ou par une affaire de conséquence, on doit charger une autre personne de la maison & les recevoir, & de les entretenir jusqu'à ce que l'on puisse soi-même leur rendre les devoirs que la politesse exige en pareil cas : si l'on ne pouvait leur tenir compagnie aussi long-temps que la politesse semblerait l'exiger, on devrait se dégager le plus honnêtement possible, sans déguiser même que l'on est sérieusement occupé.

Lorsque quelqu'un arrive pendant le temps du repas, il faut le prier de se mettre à table, à moins que ses affaires ne le lui permettent pas ; alors il faudrait abandonner la table pour le satisfaire sur ce qui l'aurait amené : au reste, on doit se garder de rendre des visites à l'heure des repas.

Il faut toujours reconduire jusqu'à la porte ceux qui rendent visite. Les personnes publiques sont dispensées de ce cérémonial, leurs affaires les obligeant de rester dans leur cabinet.

Dans les visites que des personnes d'une même famille ou des amis se rendent, tout le cérémonial consiste dans une politesse douce & réciproque ; il en faut toujours bannir la gêne et l'air guindé.

CHAPITRE X.

Des Entretiens et de la Conversation.

Les personnes un peu répandues dans le monde, sont obligées par leurs affaires, de se voir, de se parler mutuellement; mais ces entretiens fréquens, ces conversations de nécessité ou d'amusement, doivent toujours se ressentir de la circonspection, de la sagesse & de la modestie chrétienne.

Nous devons, dit le Sage, peser toutes nos paroles au poids de l'or; c'est-à-dire que, comme nous attachons un grand prix à ce métal, & que nous en usons avec beaucoup d'économie, nous devons également estimer précieusement nos paroles: car, selon la remarque de l'Apôtre Saint Jacques, un cœur pur & droit ne fournira que des discours honnêtes & vrais: de la bouche d'un homme corrompu, il ne sort que des paroles de mort, que des expressions sales & révoltantes; cependant l'Apôtre des Nations déclare que les mauvais discours portent la corruption dans les mœurs.

Il n'est pas cependant d'action dans la vie, où l'on se permette autant d'excès et de négligence que dans les conversations et les entretiens : il faut donc s'appliquer à connaître les règles que l'on y doit observer.

ARTICLE PREMIER.

De la vérité et de la sincérité qui doivent toujours régner dans la Conversation.

Le mensonge est un vice odieux, la vie des menteurs est une vie sans honneur, dit l'Ecclésiastique, ch. 20, v. 28, et leur confusion les accompagne; il nous ordonne de composer nos discours d'un oui ou d'un non, c'est-à-dire d'affirmer ce qui est vrai et de nier ce qui est faux : la confusion est la peine ordinaire du menteur ; le plus léger mensonge ne saurait l'en garantir.

Sa , si

lons couler des jours heureux, nous devons éviter le mensonge; et le Sage ne craint point de dire qu'un voleur est moins coupable que celui qui ment par habitude, parce que ce vice est la preuve certaine d'un cœur déréglé : en effet, l'ange des ténèbres, qui est le prince du déréglement, est aussi le père du mensonge.

Les équivoques sont des mensonges formels, d'autant plus condamnables, qu'ils semblent mettre le menteur à couvert des reproches qu'il mérite, & confondre la vérité avec le mensonge.

Ce qui ajoute encore un nouveau degré de malice & d'opprobre à l'habitude de mentir, c'est que le menteur tombe souvent dans des indiscrétions funestes à son prochain & à lui-même : si, pour sauver ou conserver sa réputation exposée par un mensonge, il faut joindre la perfidie à l'indiscrétion, il ne balancera pas ; il veut mentir, & ne veut pas passer pour menteur ; le secret révélé d'un ami le sauve de la confusion, cela suffit ; il répand ce qu'il avait juré de tenir secret : voilà cependant où conduit l'habitude de mentir. Qu'arrive-t-il? On perd la confiance de tous ceux qui nous connaissent ; nous perdons nos amis ; et s'il nous en reste, ce sont ou des imprudens ou des perfides.

L'on ne réfléchit pas assez souvent sur les suites & les effets du mensonge; il en est beaucoup qui tolèrent dans les enfans l'habitude de mentir, quand ils ne se proposent que de s'excuser sur l'omission d'un devoir, sur quelques autres actions qui leur sont interdites; c'est les familiariser avec la dissimulation, vice d'autant plus dangereux, qu'il paraît se rapprocher plus naturellement de la pudeur.

Le déguisement dans les paroles est une production du mensonge artificieux, également proscrite par l'esprit évangélique, par l'honnêteté & par la bonne éducation.

Est-il grossièreté plus impardonnable que celle de certaines personnes qui, dans une compagnie, parlent à l'oreille, ou se servent d'expressions que les autres ne peuvent entendre? Ce défaut est cependant très-commun parmi ceux qui se piquent d'une bonne éducation; d'autres, non moins inciviles, parlent une langue étrangère, qui n'est entendue que d'eux-mêmes.

Les nouvellistes de profession sont pour l'ordinaire de grands menteurs; si l'on ne veut pas leur ressembler, il ne faut jamais avancer de nouvelles qu'on ne soit sûr de leur exactitude, ou du moins les donner pour douteuses, si elles sont telles, et ne pas affecter une érudition déplacée, en les embellissant de narrations fausses ou peu vraisemblables.

On dirait, à voir la conduite de la plupart des hommes, qu'ils mettent leur gloire à se tromper mutuellement : cependant chacun se devrait faire une loi inviolable d'une sincérité à toute épreuve dans ses promesses, car rien ne rend plus méprisable que de manquer à sa parole.

Si l'honneur exige qu'on soit fidèle dans ses promesses, la prudence exige qu'on n'en fasse jamais sans en avoir prévu les suites, et sans s'être prémuni contre les regrets qui pourraient naître d'une trop grande facilité à promettre.

Lorsqu'on s'entretient familièrement, il ne faut jamais se déguiser, même par plaisanterie : la bonne foi, en tout temps, doit être l'âme de la conversation.

ARTICLE II.

Du respect que l'on doit conserver dans la Conversation, pour tout ce qui a rapport à Dieu et à la Religion.

Il est des hommes qui se font gloire d'afficher dans leurs discours l'irréligion & l'incrédulité, la parole même de Dieu n'est pas à l'abri de leurs railleries: ils la tournent en des sens scandaleux & quelquefois obscènes. Il faut éviter avec un soin extrême la société de ces hommes inquiets & téméraires, car les mauvais entretiens, dit Saint Paul, 1re. Ep. aux Corinthiens, ch. 15, v. 23, corrompent les bonnes mœurs; & l'on peut ajouter de ces sortes de faux Chrétiens, avec le Sage, que leur entretien est d'autant plus détestable qu'ils se font du péché un jeu & un divertissement.

Les juremens, les blasphèmes, les imprécations, les termes grossiers, non-seulement doivent être bannis de toute espèce de conversation; selon cet avertissement de l'Apôtre Saint Jacques, ch. 5, v. 12 : Ne jurez ni par le ciel, ni par la terre, ni par quelqu'autre chose que ce soit; mais contentez-vous de dire, pour affirmer : cela est; ou pour nier : cela n'est pas; afin que vous ne soyez point condamnés; mais on doit encore éviter avec soin l'entretien de ceux qui les ont souvent à la bouche. Il est d'autres termes qui, par eux-mêmes, ne signifient rien, mais dont on doit cependant s'abstenir, ainsi que de prononcer sans attention & à tout propos le saint nom de Dieu : le respect que tout Chrétien doit avoir pour le Seigneur, est ennemi de ces inattentions, de ces légèretés, qui dégénèrent souvent en indifférence, et quelquefois en une sacrilége habitude.

Les paroles obscènes, aussi bien voilées qu'on les suppose, sont interdites à tout honnête homme : l'équivoque ne leur ôte pas l'infamie : le dessein d'amuser ceux que l'on entretient, ne saurait les rendre innocentes.

ARTICLE III.

Il ne faut jamais parler, dans la Conversation, au désavantage du Prochain.

Celui qui médit de son frère, dit l'Apôtre Saint Jacques, médit de la loi-même. La bienséance est d'accord en ce point avec le commandement de Dieu; & il est aussi impoli qu'il est peu Chrétien de parler mal du prochain. La médisance, pour en être plus universelle & souvent plus applaudie, n'est pas moins un vice qui décèle une âme basse, jalouse, envieuse & pleine du fiel de la haine ou de la vengeance : le rapport n'est pas moins odieux ; & lorsque l'on entend un mot médisant, il ne faut jamais le relever ; il faut au contraire excuser toujours celui que la médisance attaque et déchire, & envisager toujours du côté favorable au prochain ce que l'on entend raconter de lui.

C'est une petitesse d'esprit & une lâcheté de médire de quelqu'un, de l'attaquer dans la conversation, lorsqu'il est absent.

On doit aussi éviter dans la conversation les parallèles injurieux, humilians, ou qui pourraient l'être par les circonstances. C'est une impertinence de dire devant un boiteux, borgne, bossu, ou disgracié de la nature, par exemple : un tel a ce défaut, ainsi du reste. Il faut encore moins rappeler aux personnes présentes les fautes qu'elles auraient commises, ou les désagrémens qu'elles auraient essuyés ; ce serait les humilier.

Lorsqu'on se trouve avec des femmes surannées, il ne faut pas leur parler de leur âge, en rappelant des faits éloignés, ou en affectant de les comparer à des femmes plus jeunes.

Les injures, les paroles piquantes, le ton dédaigneux, sont tout-à-fait opposés à l'esprit de Jésus-Christ, qui dit, dans l'Evangile, que celui qui traitera son frère de fou, se rendra digne d'un supplice éternel; et la bienséance proscrit jusqu'au ton ironique.

Pour que la raillerie soit permise, elle ne doit jamais attaquer les choses saintes, les défauts naturels, la réputation, le mérite, encore moins ceux qui sont morts.

La raillerie peut être innocente, mais de quelles précautions ne doit-on pas l'accompagner? Il est si difficile de ne pas violer les règles saintes de la charité et de la bienséance, qu'il serait à désirer qu'on n'en fit jamais usage.

Elle peut cependant quelquefois servir à l'agrément de la conversation; mais on doit en bannir l'affectation, la puérilité, le trivial, les redites et les longueurs: la raillerie doit éclairer l'esprit en l'égayant: dès qu'elle n'a pas un but fixe, elle devient insipide et inutile.

Les railleurs de profession sont généralement haïs; si quelquefois ils plaisent, plus souvent encore ils fatiguent et ennuyent.

Article IV.

Des fautes que l'on commet en parlant inconsidérément.

Parler inconsidérément, c'est parler sur toutes choses sans prêter attention à ce que l'on dit; c'est parler lorsqu'on doit se taire, ou dire des choses inutiles ou puériles. Les grands parleurs sont presque toujours inconsidérés dans leurs discours; la démangeaison de parler fait débiter des sottises; & dans un grand nombre de paroles, il est rare de n'y pas compter des fautes considérables: ainsi, pour suivre l'avis du Sage, il faut mettre la main sur sa bouche, si l'on n'a pas assez d'intelligence pour parler à propos, ou pour entendre ce que les autres disent. Il faut distinguer et observer le temps où l'on peut dire son mot sans indiscrétion; car c'est un signe d'imprudence & de légèreté de discourir toutes les fois qu'on sent quelqu'envie de parler. Il faut aussi, selon l'avis de Saint Paul, que toutes nos paroles soient accompagnées de grâces, & assaisonnées de sel, afin de n'en proférer aucune sans savoir pourquoi & comment on l'a proférée; enfin, il ne faut parler que de ce que l'on connaît, & toujours se taire sur ce que l'on ignore.

Lorsque quelqu'un s'emporte au point de dire des choses disgracieuses, il ne faut pas riposter par des grossièretés, mais il faut tourner les choses en plaisanterie, ou se taire, ou enfin se retirer.

Le cœur des insensés, dit le Sage, est dans leur bouche, et la bouche des sages est dans leur cœur; cela veut dire que ceux qui parlent beaucoup & avec peu de circonspection, décèlent l'état intérieur de leur âme, & que le Sage, au contraire, annonce ce qu'il est par ses discours.

On doit plus écouter que parler avec les vieillards sensés & les personnes éclairées: le babil d'un jeune homme dans ces rencontres est une incivilité outrée.

C'est le propre d'un esprit sans consistance de se répandre sans cesse en discours inutiles, d'user de longues périphrases, pour dire des choses que l'on doit exprimer d'une manière concise, d'envelopper le principal objet de tant d'incidens, qu'on peut à peine y retourner soi-même, & y rappeler les autres.

Il est aussi ridicule que déplacé de parler sans cesse de ses actions, de soi-même, de sa fortune, & de se comparer à celui-là & à cet autre ; ces comparaisons sont toujours odieuses : peut-on en effet supporter ces airs de présomption & de confiance qui tendent presque toujours à donner une médiocre idée de ceux qui les affectent ?

Il ne faut jamais parler désavantageusement de qui que ce soit, ni en termes bas & populaires, il faut encore moins user de ceux qui marqueraient du dédain ou du mépris. Il en est beaucoup qui, dans l'éloge qu'ils font ou qu'ils entendent faire de quelqu'un, ajoutent malignement un mais : ce mot détruit presque toujours l'estime & la bonne opinion, & il faut être peu instruit des règles de la charité chrétienne & de celles de l'honnêteté, pour le placer dans le discours où l'on parle des autres.

C'est une étourderie & un manque de savoir-vivre, d'appeler quelqu'un dans les rues, ou par une fenêtre, ou au bas d'un escalier.

Lorsqu'on est incommodé, il ne faut pas se trouver en compagnie, ou garder le silence sur ses infirmités, et ne point ennuyer les autres par des plaintes langoureuses. Il n'est pas plus honnête de parler sans cesse à un animal familier qu'on aimerait, en présence même de ses amis : on ne pardonnerait pas même aux femmes ce sot entretien, quoique l'on accorde beaucoup à leur faiblesse et à leur vanité.

Une autre espèce d'hommes ennuyeux et impolis, est celle des voyageurs qui ne parlent que de leurs aventures, des pays qu'ils ont vus et parcourus, des dangers vrais et prétendus tels qu'ils ont courus, et qui ne cessent de répéter cent fois les mêmes choses.

ARTICLE V.

Des Eloges.

QU'UN *autre vous loue et non votre propre bouche,* dit Salomon, *Prov.* 27, 2; *que ce soit un étranger et non vos propres lèvres.* C'est en effet, de toutes les affectations de l'amour-propre, la moins supportable : un homme qui ose faire son éloge, fait assez connaître qu'il n'en mérite aucun. Ainsi, il ne faut jamais parler avantageusement de soi-même ; mais aussi ne faut-il point taire les louanges dues ou au mérite ou à la vertu, observant d'en écarter tout ce que l'adulation et la flatterie pourraient y mêler.

On doit recevoir modestement les éloges, et ne jamais les mendier : ce serait une sotte modestie de se mettre de mauvaise humeur contre les personnes dont on reçoit des applaudissements, surtout s'ils sont mérités par quelqu'action dont on ne puisse se dissimuler à soi-même la bonté naturelle.

Il est des hommes qui s'offensent des louanges que l'on donne aux autres, ou qui les affaiblissent par d'odieuses restrictions : il faut éviter ce défaut, et ajouter toujours aux éloges des autres; il n'est pas cependant de la sagesse de donner à qui que ce soit, présent ou absent, des louanges excessives, ni blesser la vérité, en voulant préconiser les autres.

Si l'on entend faire des éloges de ses parents, on ne doit pas y ajouter, mais témoigner sa reconnaissance, applaudir modestement.

Ceux qui, en faisant quelques présen sent assez peu circonspects pour vant le don qu'ils font, perdent une partie la générosité, & ceux qui, en recevant présent, le méprisent, méritent de n jamais recevoir, & prouvent qu'ils sont imprudents et mal élevés.

On ne doit pas louer toutes cho par une surprise accompagnée d'exclamati c'est faire sentir qu'on n'a jamais rien

En général, aut être réser économe dans istribution louanges, envisager toujours les chose apprécier ce qu'elles valent pour les timer & les louer selon les règles la prudence & du discernement.

Article VI.

Comment on doit interroger, rép dre et dire son sentiment.

Rien n'est plus insipide, plus impo que l'entretien de ceux qui font des qu tions éternelles sur les choses l plus indifférentes, ou sur celles qu'i devraient toujours ignorer.

Il est des personnes qui, à chaque phrase de leurs discours, demandent si on les entend, si on conçoit ce qu'elles disent: rien n'est plus indécent; on doit achever ce que l'on avait à dire, et si la personne à qui l'on parlait n'a pas entendu ou compris ce qu'on lui disait, il faut le répéter avec douceur, et sans témoigner d'humeur. On n'est pas entendu, souvent, parce que l'on s'énonce mal, ou parce que l'on se sert de termes obscurs, inutiles ou équivoques.

La bienséance exige que l'on ne s'informe pas, en entrant dans une compagnie, de ce que l'on y a dit; et si l'on ne peut suivre le fil de la conversation, faute d'en connaître le sujet, il faut en demander une explication succincte, si on le peut sans distraire la compagnie; mais si l'on prévoit qu'une semblable explication puisse jeter les autres dans une répétition ennuyeuse ou embarrassante, on doit se taire et attendre que l'occasion se présente de s'en informer sans gêner qui que ce soit. Les enfans font souvent répéter ceux qui parlent: c'est une étourderie qui tient de l'incivilité, dont il faut les corriger ou les garantir.

Toutefois il est de la politesse d'instruire brièvement du sujet de la conversation ceux qui surviennent dans la compagnie.

Il est plus incivil encore de demander à une personne ce qu'elle a fait ou ce qu'elle doit faire.

Il ne faut point prévenir la question ni l'interrompre, pour faire parade d'une facilité singulière à répondre sur toutes choses : cela sent l'esprit faible.

Ce serait une impardonnable grossièreté, étant obligé de contredire quelqu'un, de le faire en disant : cela n'est pas vrai, vous mentez ; vous ne savez pas ce que vous dites ; vous en imposez ; ces expressions sont indignes d'un homme bien élevé ; on doit toujours chercher à déguiser la dureté de la contradiction sous des termes polis : on peut dire à une personne qui se trompe, permettez-moi de vous dire que vous vous trompez, on vous a mal informée, etc.

On ne doit donner son avis, en pleine compagnie, que quand on en est prié, et de jeunes gens moins encore que les autres, et il faut le faire modestement, et ne pas affecter un ton décisif. Si cel avis est contredit universellement, on doit se taire, ne pas se défendre avec opiniâtreté; si l'on croit qu'il est juste, exact et prudent, on peut exposer les preuves qui en constatent la vérité, mais éviter tout entêtement et toute occupation.

Article VII.

Des règles que l'on doit observer dans les disputes, et lorsqu'on est obligé de répondre.

L'Apôtre Saint Paul exhorte son disciple Timothée à fuir les disputes de mots: l'esprit de contention et de dispute est entièrement opposé à la douceur évangélique, la bienséance le proscrit de toutes les assemblées.

La dispute prend ordinairement sa source dans la présomption et la fausse idée que l'on se forme de son propre mérite; il est des caractères qui s'opposent perpétuellement au sentiment des autres, et à qui, pour entrer en dispute, il suffit de voir une opinion suivie par le plus grand nombre: cette manie déshonore et rend odieux; il faut donc être toujours assez prudent pour ne pas contester sans sujet, & pour le plaisir seul de disputer.

Quand on se trouve obligé de disputer en faveur d'une vérité combattue, il faut le faire modestement, car la bouche sur les lèvres de laquelle repose la douceur, dit le Sage, multiplie ses amis & gagne ses ennemis.

Les grands parleurs sont ordinairement de grands disputeurs : le seul parti qu'on doit prendre avec eux est celui du silence; les contredire, c'est les échauffer & les animer à la dispute : un homme sage ne doit jamais se compromettre avec de pareils esprits contentieux.

Les disputes sont plus fréquentes dans les écoles que dans les cercles du monde; mais, en quelqu'endroit qu'on se trouve, il est important de ne s'opiniâtrer jamais dans son sentiment, surtout s'il n'est pas absolument exact; & dans le cas même où il serait vrai en tout, il faudrait, après l'avoir défendu, se taire, si on continuait à le combattre.

Il n'est jamais permis d'interrompre qui que ce soit dans la conversation ou dans la dispute, de commenter la narration que l'on entend, de la reprendre, sous prétexte de la rendre plus claire & plus exacte : si l'on a des observations à faire, il faut attendre que la personne qui parle ait fini son discours, pour les proposer.

C'est une impolitesse de reprendre d'autorité celui qui s'est mépris ; & lorsque l'erreur est si manifeste qu'on ne peut la dissimuler, on doit attendre que la personne qui l'a avancée se rétracte elle-même ; & si elle s'obstine à la défendre, on peut alors, mais poliment, lui faire sentir son défaut.

On ne doit jamais rougir d'une correction équitable : une personne qui fait une faute dans la conversation, donnerait l'exemple d'une obstination déplacée, si elle prenait en mauvaise part les observations qu'on lui ferait pour la redresser et lui faire connaître son erreur.

Article VIII.

Des bonnes ou mauvaises manières de parler.

Le compliment a pour objet ou un avantage flatteur arrivé à quelqu'un, ou quelque triste accident qui lui soit parvenu, ou un bienfait reçu, ou des grâces que l'on demande.

Dans les complimens de condoléance sur la mort d'une personne chérie, ou sur la perte d'un bien considérable, d'un procès, il ne faut pas trop parler de la chose qui afflige, mais se borner à engager, par des moyens efficaces, la personne affligée à mettre fin à sa douleur.

Il est une espèce de complimens qui ne sont rien moins que sincères, et dont l'art et l'adulation forment la base : ils ne doivent convenir à qui que ce soit, parce qu'ils cachent presque toujours un coeur double et méchant.

On doit éviter l'affectation dans les complimens, et il ne faut jamais s'écarter du naturel; et si l'on veut qu'ils soient agréables, la prolixité, l'emphase, le verbiage doivent en être bannis.

Cette maxime du Sage, on ne doit louer personne avant sa mort, ne signifie pas qu'on ne doit jamais faire de complimens ni louer personne; mais elle insinue qu'on ne doit jamais accabler les personnes de complimens, parce que ceux qui les donnent, manquent souvent de sincérité, et ceux qui les reçoivent, d'une modestie assez parfaite pour ne pas tirer vanité des louanges.

Celui qui reçoit les complimens, doit

y répondre modestement, sans marquer trop de satisfaction ni trop d'indifférence.

Il faut se servir dans le langage de termes clairs, usités, exacts, et propres au sujet que l'on traite; dans le discours familier, l'expression recherchée devient ridicule, et un homme de style ampoulé est assommant et ennuyeux. Il ne faut pas cependant s'écarter de la pureté de la langue française, ni s'approprier des termes bas et populaires, ni dans une expression particulière, multiplier les mots et les mal adapter : par exemple, rien n'est plus ridicule que de dire : voyez voir pour considérez, voyez; sortez ce cheval de l'écurie, pour faites sortir ce cheval; montrez-moi voir, pour donnez que je voie, et mille autres façons de parler aussi ineptes que révoltantes.

Lorsque l'on raconte une histoire, ou que l'on rend compte d'une commission, il faut s'abstenir de certaines parenthèses ridicules ou termes impropres, tels, par exemple, que ce dit-il, ce dit-elle, or ça, il m'a dit comme ça.

CHAPITRE XI.

De quelques autres règles de la Bienséance.

Lorsqu'on présente ou reçoit quelque chose, il faut faire une inclination médiocre & approcher la main de la poitrine, sans cependant la toucher. Il ne faut rien donner ni accepter en passant la main ou alongeant le bras devant quelqu'un; mais la bienséance veut qu'on le reçoive ou qu'on le présente par-derrière; & si la personne est trop éloignée, ou qu'il n'y ait pas de domestique, prier celle qui est la plus voisine, de vouloir bien passer la chose que l'on demande ou que l'on donne.

La propreté ne permet pas de ramasser le mouchoir de qui que ce soit, lorsqu'il est tombé par terre; mais on doit être assez poli pour avertir la personne: il en est de même des lettres ou autres papiers.

Dans la ville, on ne doit saluer que les personnes que l'on connaît: à la campagne, il est assez d'usage de saluer tout le monde.

Il ne faut jamais demander à quelqu'un d'où venez-vous? où allez-vous? C'est une curiosité impertinente.

C'est une incivilité de se retourner en marchant, ou de s'arrêter pour fixer une personne, d'examiner si elle salue, & l'on ne saurait excuser la liberté que quelques-uns se donnent de critiquer la démarche, l'habillement & le maintien des autres.

Quand on se chauffe, il faut être assis ou debout, ne point s'appuyer sur la cheminée, encore moins y tourner le dos, on ne doit pas s'emparer de la cheminée, en sorte que les autres ne puissent approcher du feu.

C'est une marque d'oisiveté de remuer sans cesse le bois & les tisons, de badiner avec les pincettes, avec les écrans, ou autres instrumens propres au foyer. C'est au maître de la maison à présenter les écrans : au reste, ce ne serait pas une incivilité que l'étranger les offrît.

Il ne faut jamais courir dans les rues, mais on doit composer le pas de manière qu'on ne marche ni trop vîte ni trop lentement : c'est une étourderie de regarder sans cesse de côté & d'autre en marchant, d'examiner à chaque pas ce qu'on voit.

FIN.

TRAITÉ D'ORTHOGRAPHE,

CONTENANT LES MOTS QUI ONT UNE MÊME PRONONCIATION ET DIVERSES SIGNIFICATIONS.

ABAISSE cette table.
Abbesse de couvent.
Accord de procès.
Accort, homme adroit.
Ais de sapin.
Es-tu content?
Aix en Provence.
Ez-environs de Paris.
Aile d'oiseau.
Elle est bien faite.
Arrhes (donner des).
Art d'écrire.
An, un an.
En France.
Ancre de navire.
Encre pour écrire.
Appareil, grand appareil.
A pareil jour.
Après toi ou moi.
Apprêt, grand apprêt.
Appris, bien appris.
A prix, mis à prix.
A pris, il a pris.
Apprendre une chose.
A prendre, bon à prendre.
Agneaux de brebis.
Anneaux ou bagues.
Antre, caverne.
Entre lui et moi.
Anvers, ville.
Envers toi, envers moi.
Appât, amorce.
Appas, charmes.
A peler pommes à peler.
Appeler quelqu'un.
Ane, baudet.
Anne, Madame Anne.
Anon, petit baudet.
Ah non, cela n'est pas.
Au temps présent.
Autant que tu voudras.
Auvent de boutique.
Au vent, jeter au vent.
Avoir de l'argent.
A voir, beau à voir.

BAILLER, donner.
Bâiller, avoir sommeil.
Bal, aller au bal.
Balle de fusil.
Bâle, ville.
Balle de marchand.
Ban, arrière-ban.
Banc pour s'asseoir.
Bas de soie.
Bât de mulet.
Baud, espèce de chien.
Beau, que tu es beau
Bête, il est bête.
Betterave, plante.
Bois à brûler.
Bois, je bois.
Bon, cela est bon.
Bond, du premier bond.
Bouc, un bouc.
Bout, le bout d'un bâton.
Bout, le pet bout.

Çà et là.
Sa Mère, sa tante.
Ces gens-là.
Ces parens et amis.
Sep de vigne.
Sept ou huit.
Cette femme-là.
C'est à lui à faire cela.
Seez, Ville.
Ceint de la ceinture.
Saint Jacques.
Seing, signature.
Sein, mamelle.
Saing, graisse de porc.
Sain, salutaire.
Cinq ou six.
Celle-là me plaît.
Sel, du sel.
Scel, sceau.
Selle de cheval.
Cens et rentes.
Sans lui je ne puis rien.
Sens, Ville.
Cent mille hommes.
Sang, du sang.
Chaîne d'or ou d'argent.
Chêne, bois de chêne.
Chair rôtie.
Cher, cela est cher.
Chaire à prêcher.
Chère, faire bonne chère.
Champ, terres.
Chant, le plain-chant.
Clair-voyant.
Clerc de procureur.
Ci, venez ici.
Scie, une scie.
Si tu veux, si tu fais.
Six ou sept.

Chœur, assemblée.
Cœur, mon cœur.
Coi, tranquille.
Quoi! tu ne viendras pas.
Conseiller, donner conseil.
Conseillé, qui le reçoit.
Comte, titre.
Compte, rendre compte.
Conte, conter des nouvelles.
Comptant, payer comptant.
Content, es-tu content?
Coq et poule.
Coque de noix ou d'œuf.
Cor de chasse.
Corps, j'ai mal dans le corps.
Cotte de femme.
Cote de rôle.
Côte droite ou gauche.
Cour du palais.
Court, manteau court.
Cours, je cours.
Coût, dépense.
Coup de bâton.
Couver, mettre couver une (poule.
Couvert, mettre le couvert.
Cru, si je l'eusse cru.
Crud, fruit crud.
Crue d'eau.
Crin de cheval.
Craint, vient de craindre.
Crois-moi.
Croix de par Dieu.

Des biens, des amis.
Dais, pour le S. Sacrem.
Dez à jouer.
Datte, fruit du palmier.
Date de lettre.
Dam, perte.

Dans le logis.
Dent, mal à la dent.
Dû, dette.
Du pain.
Deux ou trois.
D'eux, je me moque d'eux.
Dis-tu cela ?
Dix ou douze.
Doué de vertu.
Douay, Ville.
Doigt de la main.
Doit, il doit beaucoup.
Dole, Ville.
Dol, fraude.
Don, en pur don.
Dont il se sert.
Donc, il est donc à Paris.
Doux, un homme doux
D'où viens-tu ?
Dos, le dos.
Dot de mariage.

ENCENS pour parfumer.
En cent morceaux.
Enquis, recherché.
En qui doit-on se fier ?
Echet, il échet que tu ailles.
Echecs, jouer aux échecs.
Echo qui résonne.
Ecot d'hôtellerie.
Etaim, laine fine.
Etain, métal blanc.
Eteint, le feu est éteint.
Etang, lieu poissonneux.
Etant à Paris.
Eux, eux, d'eux,
Œufs, des œufs.

FACE, belle face.
Fasse ce qu'il voudra.
Faim, j'ai faim.
Fin d'un ouvrage.
Feint, ce qui n'est pas vrai.
Fait, j'ai fait cela.
Faîte de la maison.
Faux, cela est faux.
Faut-il aller à Paris ?
Faulx à faucher.
Fer, du fer.
Faire ses affaires.
Fille, belle fille.
Fil à coudre.
Foi, ma foi.
Fois, une fois, deux fois.
Fond d'un sac.
Fonds, faire fonds d'argent.
Fonts de baptême.
Fosse, une fosse.
Fausse signature.
Fut il à Paris.
Fût, le bois d'un tonneau.

GEAI, oiseau.
J'ai été à Rome.
Jet de pierre.
Gelé, chou gelé.
Je l'ai vu.
Gêne, torture.
Gênes, Ville.
Gré, je lui sais bon gré.
Grec de nation.
Grecque (coudre à la)
Gril à rôtir.
Gris, drap gris.
Guères, donner peu.
Guerre, faire la guerre.
Gai, homme content.

Gué, boire au gué.
Guet, faire le guet.

Hé! viens donc ça.
Haye, une haye.
Hais, que je te hais!
Hâle, il fait grand hâle.
Halle, où se tient marché.
Huis, porte.
Huit ou neuf.
Hôte, mon hôte.
Hotte, bretelle.
Ote, ôte cela de là.

JEUNE, il est bien jeune.
Jeûne de carême.
Il est à Rouen.
Isle d'Oléron.
Incontinent je m'en irai.
Incontinent, débauché.

LA belle jeune fille.
Las, je suis las,
Lac de Genève.
Laps de temps.
Lacer d'un lacet
Lasser, fatiguer.
L'an passé.
Laon, Ville.
Laid, que tu es laid!
Lait, du lait.
Lai, religieux.
Laie, femelle de sanglier.
Leçon d'écolier.
Le son du tambour.
Legs d'un testament.
Les parens et amis.
Laisse cela.
Lesse de chien.
Levain, pâte de levain.
Le vin est bon.
Leur ami à tous deux.
Leurre d'oiseau.
Lieu, j'ai vu ce lieu-là.
Lieue, une lieue.
Lit, il est au lit.
Lit, il lit des lettres.
Lys, fleur de lys.
Lion, un lion.
Lyon, Ville.

MA mère.
Mât de navire.
Mail, jouer au mail.
Maille, ni sou ni maille.
Main, ma main.
Maints, plusieurs.
Maire de Ville.
Mer, la mer.
Mère, ma mère.
Messe, aller à la Messe.
Metz, Ville.
Mante, Ville sur la Seine.
Mante, sauvage.
Maître, un maître.
Mètre, mesure.
Mettre ordre à ses affaires.
Marc, terme et poids.
Marque d'amitié.
Mari, époux.
Marri, je suis fâché.
Marchand, qui vend.
Marchant, qui marche.
Mâtin, gros chien.
Matin, de grand matin.
Maine, le Maine.
Mène-moi là.
Mûr, le melon est mûr
Mur de maison.

Moi et toi.
Mois de Mars.
Mon compère,
Mont, montagnes.
Mors de bride.
Mort, la mort.

NAÎTRE, venir au monde.
N'être point ici.
Net, il est pur et net.
N'est, il n'est point là.
Nez, partie du visage.
Né, l'enfant est né.
Nœud, faire un nœud.
Neuf ou dix.
Nar, fleuve des Sabins.
Nard, fleur.
Ni lui ni moi.
Nid d'oiseau.
Non, cela n'est point.
Nom, mon nom.
Nuit, il est nuit.
Nuit, il me nuit.

OING, graisse.
Oint, frotté d'huile.
Once, une once.
Onze ou douze.
Or, métal précieux.
Ord, sale, malpropre.

PAIN, du pain.
Pin, pomme de pin.
Peint, vient de peindre.
Pair, égal.
Paire d'heures.
Père, mon père.
Paix, la paix.
Par ma foi.
Parc, un parc.
Part, ma part.
Paon, un paon.
Pens, guet-à pens.
Pend, l'enseigne pend.
Patte de chat.
Pâte, pâte de pain.
Péché, un grand péché.
Pécher, arbre.
Pô, fleuve.
Pot, un pot.
Poing, la main fermée.
Point final.
Point, cela n'est point.
Poids ou mesure.
Pois, des pois.
Poix, de la poix.
Poisson, animal aquatique.
Poison, venin.
Pré, un pré.
Près de la Ville.
Prêt, il est prêt.

QUAND, tu viendras.
Quant à toi.
Caen, Ville.
Quart, un quart.
Car il est mort.

RAT, un rat.
Rapt, vol, rapine.
Rang, tiens ton rang.
Rend la bourse.
Rompt, le bâton se rompt.
Rond, former un rond.

SA grand-mère.
Sas à bluter.
Sol, la terre.

Sole, poisson.
Sûr et fidèle.
Sur la table.
Signe de la croix.
Cigne, oiseau.
Saur, hareng saur.
Sors, je sors.
Sort, hasard.
Saoul, rassasié.
Sous la table.

TACHE sur un habit.
Tâche, il est à tâche.
Tan, tanner le cuir.
Temps, il est temps.
Tant que tu voudras.
Tante, ma tante.
Tente de tapisserie.
Taux, taxe.
Tôt, je viendrai tôt.
Tête de mouton.
Tette, mamelle.
Teint, couleur.
Thym, herbe odoriférante.
Tord, vient de tordre.
Tort, tu as grand tort
Tour d'adresse.
Tours, Ville.
Toi et moi.
Toît de la maison.
Trois ou quatre.
Troyes, Villes.
Trop ou trop peu.
Trot, allure de cheval.

VAIN, homme vain.
Vin, le bon vin.
Vingt, nombre.
Vint, il vint chez moi.
Ver de terre.
Verre à boire.
Verd, drap verd.
Vers quelque lieu.
Van à vanner.
Vends-moi ton bien.
Vent du nord.
Vaut, cela vaut cher.
Vaux, vallées.
Veau, un veau.
Vesce, graine.
Vesse, vent-coulis.
Veux, je veux cela.
Vœu, faire un vœu.
Vices, plein de vices.
Vis-à-vis de moi.
Vis de pressoir.
Vil, objet méprisable.
Ville, belle ville.
Vit, il vit encore.
Vîte, pas vîte.
Voie, chemin.
Voix, belle voix.

TABLE

DES CHAPITRES ET ARTICLES.

PREMIÈRE PARTIE.

SECONDE PARTIE.

FIN DE LA TABLE.

DE L'IMPRIMERIE DE Jн. MORONVAL,
rue Galande, n. 65, hôtel Châtillon.

ÉLÉMENS

DE LA

GRAMMAIRE FRANÇAISE

PAR LHOMOND,

PROFESSEUR - ÉMÉRITE EN L'UNIVERSITÉ DE PARIS;

NOUVELLE ÉDITION,

A laquelle on a ajouté les mots où l'*H* est aspirée, et une Table de Multiplication.

Prix, 90 cent. cartonnée.

A CAEN,

IMP. DE Ve LEROUX, CHEZ AUG. LECRÊNE, rue Froide, n°. 9.

M. DCCC. XXVII.

PRÉFACE DE L'AUTEUR.

C'EST par la langue maternelle que doivent commencer les études, dit M. Rollin. Les enfans comprennent plus aisément les principes de la grammaire, quand ils les voient appliqués à une langue qu'ils entendent déjà, et cette connoissance leur sert comme d'introduction aux langues anciennes qu'on veut leur enseigner. Nous avons de bonnes grammaires françoises; mais je doute que l'on puisse porter un jugement aussi favorable des abrégés qui ont été faits pour les commençans. Les premiers élémens ne sauroient être trop simplifiés. Quand on parle à des enfans, il y a une mesure de connoissances à la quelle on doit se borner, parce qu'ils ne sont pas capables d'en recevoir davantage. Il est surtout important de ne pas leur présenter plusieurs objets à la fois: il faut, pour ainsi-dire, faire entrer dans leur esprit les idées une à une, comme on introduit une-liqueur goute à goutte dans un vase dont l'embouchnre est étroite; si vous en versez trop en même temps, la liqueur se répand et rien n'entre dans le vase. Il y a aussi un ordre à garder; cette ordre consiste principalement à ne pas supposer des choses que vous n'avez pas encore dites, et à commencer par les connoissances qui ne dépendent point de celles qui suivent. Enfin il y a une manière de s'énoncer accommodée à leur foiblesse ; ce n'est point par des définissions abstraites qu'on leur fera connoître les objets dont on leur parle, mais par des caractères sensibles, et qui les rendent faciles à distinguer (1).

On sent que, pour exécuter ce plan, il faut connoître les enfans. Appliqué pendant vingt années aux fonctions de l'instruction publique, j'ai été à portée de les observer de près, de mesurer leurs forces, de sentir ce qui leur convient : c'est cette connoissance, que l'expérience seule peut donner, qui m'a déterminé à composer des livres élémentaires. Puisse l'exécution remplir l'unique but que je me propose, celui d'être utile, et d'épargner à cet âge aimable une partie des larmes que les premières études font couler !

---

(1) Une définition présente une idée générale, qui suppose des idées particulières ; et l'enfant, n'ayant pas encore acquis ces idées particulières, ne peut entendre la définition.

J'ai compris sous la dénomination de pronoms *adjectifs*, tous ceux que l'on appelle *démonstratifs*, *possessifs*, etc., parce que l'enfant a vu ce qui se nomme *adjectif*, et parce qu'il *convient de diminuer le nombre de mots barbares* dans une grammaire élémentaire.

ÉLÉMENS
DE
LA GRAMMAIRE FRANÇOISE.

INTRODUCTION.

LA Grammaire est l'art de parler et d'écrire correctement. Pour parler et pour écrire, on emploie des mots : les mots sont composés de lettres.

Il y a deux sortes de lettres, les *voyelles* et les *consonnes*.

Les voyelles sont *a*, *e*, *i*, *o*, *u* et *y*. On les appelle *voyelles*, parce que, seules, elles forment une voix, un son.

Il y a trois sortes d'*e* : *e* muet, *é* fermé, *è* ouvert.

L'e *muet*, comme à la fin de ces mots : *homme*, *monde* : on l'appelle *muet*, parce que le son en est sourd et peu sensible.

L'é *fermé*, comme à la fin de ces mots *bonté*, *café* : cet *é* se prononce la bouche presque fermée.

L'è *ouvert*, comme à la fin de ces mots, *procès*, *accès*, *succès* : pour bien prononcer cet *è*, il faut appuyer dessus et desserrer les dents.

L'y grec s'emploie le plus souvent pour deux *ii*, comme dans *pays*, *moyen*, *joyeux* : prononcez *pai-is*, *moi-ien*, *joi-ieux* (1).

Il y a dix-huit consonnes (2); savoir, *b*, *c*, *d*, *f*, *g*, *j*, *k*, *l*, *m*, *n*, *p*, *q*, *r*, *s*, *t*, *v*, *x*, *z*. Ces lettres s'appellent *consonnes*, parce qu'elles ne forment un son qu'avec le secours des voyelles, comme *ba*, *be*, *bi* *bo*, *bu* : *ca*, *ce*, *ci*, *co*, *cu* : *da*, *de*, *di*, *do*, *du*, etc.

La lettre *h* ne se prononce pas dans certains mots, l'h*omme*, l'h*onneur* l'h*istoire*, etc., qu'on prononce comme s'il y avait l'*omme*, l'*onneur*, l'*istoire*; alors on l'appelle *h muette*.

Mais dans les mots suivans, la *haine*, le *hameau*, le *héros*, la lettre *h* fait prononcer du gosier la voyelle qui suit ; alors on l'appelle *h aspirée* : ainsi l'on écrit et l'on prononce séparément les deux mots la *haine*, et non pas *l'haine*, *les héros* ; et non pas comme s'il y avoit *les zhéros*.

---

(1) L'exception n'a lieu que dans les mots tirés du grec : *hymne*, *Hyppolyte*, *pyramide*, *etc.* ; alors il se prononce comme l'*i* simple.

(2) Non compris la lettre *h*.

Des voyelles longues et breves.

Les voyelles longues sont celles sur lesquelles on appuie plus long-temps que sur les autres en les prononçant:

Les voyelles *brèves* sont celles sur lesquelles on appuie moins long-temps.

Par exemple, *a* est long dans *pâte* pour faire du pain; il est bref dans *patte* d'animal.

e est long dans *tempête*, il est bref dans *trompette*.

i est long dans *gîte*, et bref dans *petite*.

o est long dans *apôtre*, et bref dans *dévote*.

u est long dans *flûte*, et bref dans *butte*.

Pour marquer les différentes sortes d'*e*, et les voyelles longues, on emploie trois petits signes que l'on appelle *accens*; savoir l'accent aigu (') qui se met sur les *é* fermés, *bonté*: l'accent grave (`) qui se met sur les *è* ouverts, *accès*; et l'accent circonflexe (^) qui se met sur la plupart des voyelles longues, *apôtre*.

Il y a en français dix sortes de mots qu'on appelle les *parties du discours*; savoir, le *Nom*, l'*Article*, l'*Adjectif*, le *Pronom*, le *Verbe*, le *Participe*, la *Préposition*, l'*Adverbe*, la *Conjonction* et l'*Interjection*.

CHAPITRE PREMIER.

PREMIÈRE ESPÈCE DE MOTS.

Le Nom.

LE *Nom* est un mot qui sert à nommer une personne ou une chose, comme *Pierre*, *Paul*. *Livre*, *Chapeau*.

Il y a deux sortes de noms, le nom *commun* et le nom *propre*.

Le nom *commun* est celui qui convient à plusieurs personnes, ou à plusieurs choses semblables; *homme*, *cheval*, *maison*, sont des noms communs; car le nom *homme* convient à Pierre, à Paul, etc.

Le nom *propre* est celui qui ne convient qu'à une seule personne ou à une seule chose, comme *Adam*, *Ève*, *Paris*, *la Seine*.

Dans les noms il faut considérer le *genre* et le *nombre*.

Il y a en françois deux genres, le *masculin* et le *feminin*. Les noms d'hommes ou de mâles sont du genre masculin, comme un *père*, un *lion*: les noms de femmes ou de femelles sont du genre féminin, comme une *mère*, une *lionne*. Ensuite, par imitation, l'on a donné le genre masculin ou le genre féminin à des choses qui ne sont ni mâles ni femelles, comme un *livre*, une *table*, le *soleil*, la *lune*.

Il y a deux nombres, le *singulier* et le *pluriel*: le singulier quand on parle d'une seule personne ou d'une seule chose, comme un *homme*, un *livre* : le pluriel, quand on parle de plusieurs personnes ou de plusieurs choses, comme *les hommes*, *les livres*.

Comment se forme le pluriel dans les noms.

RÈGLE GÉNÉRALE.

Pour former le pluriel, ajoutez *s* à la fin du nom : le *père*, les *pères* ; la *mère* ; les *mères* ; le *livre*, les *livres* ; la *table*, les *tables*.

Première remarque. Les noms terminés au singulier par *s*, *z*, *x*, n'ajoutent rien au pluriel : le *fils*, les *fils* ; le *nez*, les *nez*, la *voix*, les *voix*.

Deuxième remarque. Les noms terminés au singulier par *au*, *eu*, *ou*, prennent *x* au pluriel : le *bateau*, les *bateaux* ; le *feu* ; les *feux* ; le *caillou*, les *cailloux*. (1).

Troisième remarque. La plupart des noms terminés au singulier par *al*, *ail*, font leur pluriel en *aux* : le *mal*, les *maux* ; le *cheval* ; les *chevaux* : le *travail*, les *travaux*. (Excepté *détails*, *éventails*, *portails*, *gouvernails*, *camails*, *épouvantails*.) *Aïeul*, *ciel*, *œil*, font au pluriel *aïeux*, *cieux*, *yeux*.

---

(1) On dit et on écrit : le *clou*, les *clous* ; le *trou*, les *trous* ; un *œil bleu*, des *yeux bleus*, etc. Mais les exceptions s'apprennent par l'usage, et dans un livre élémentaire il seroit déplacé de vouloir les indiquer toutes : celles de la troisième remarque sur-tout sont très-difficiles et au-dessus de la portée des enfans.

CHAPITRE II.

SECONDE ESPÈCE DE MOTS.

L'Article, le, la, les.

L'ARTICLE est un petit mot que l'on met devant les noms communs, et qui en fait connoître le genre et le nombre.

Nous n'avons qu'un article *le*, *la* au singulier; *les* au pluriel. *Le* se met devant un nom singulier masculin, *le père*; *la* se met devant un nom singulier féminin, *la mère*; *les* se met devant tous les noms pluriels, soit masculins, soit féminins, *les pères*, *les mères*. Ainsi l'on connoît qu'un nom est du genre masculin, quand on peut mettre *le* devant ce nom; on connoît qu'un nom est du genre féminin, quand on peut mettre *la*.

Il y a deux remarques à faire sur l'article.

Première remarque. On retranche *e* dans le mot *le*, on retranche *a* dans *la*, quand le mot suivant commence par une voyelle, ou une *h* muette.

Ainsi on dit *l'argent* pour *le argent*, *l'histoire* pour *la histoire*; mais alors on met à la place de la lettre retranchée cette petite figure (') qu'on appelle *apostrophe*. *Voyez* Chap. XI, *de l'Orthographe*, page 80.

Deuxième remarque. Pour joindre un nom à un mot précédent, on met *de* ou *à* devant ce nom; *fruit de l'arbre; utile à l'homme.*

Alors, au-lieu-de mettre *de le* devant un nom masculin singulier qui commence par une consonne, on met *du*.

Au lieu de *à le*, on met *au*.

Devant un nom pluriel, *de les* se change en *des*; *à les* se change en *aux*.

Exemples.

SINGULIER MASCULIN.

le Père.
Maison *du* Père, pour *de le* Père.
Je plais *au* Père, pour *à le* Père.

PLURIEL MASCULIN.

les Pères.
Maison *des* Pères, pour *de les* Pères.
Je plais *aux* Peres, pour *à les* Pères.

Au contraire, *de* et *à* devant *la* ne se changent jamais.

SINGULIER FÉMININ.

la Mère.
de la Mère.
à la Mère.

PLURIEL FÉMININ.

les Mères.
des Mères, pour *de les* Mères.
aux Mères, pour *à les* Mères.

CHAPITRE III.

TROISIÈME ESPÈCE DE MOTS.

L'Adjectif.

L'ADJECTIF est un mot que l'on ajoute au nom pour marquer la qualité d'une personne ou d'une chose, comme *bon* père, *bonne* mère; *beau* livre; *belle* image: ces mots *bon*, *bonne*, *beau*, *belle*, sont des adjectifs joints aux noms *père*, *mère*, etc.

On connoît qu'un mot est adjectif, quand on peut y joindre le mot *personne* ou *chose*: ainsi *habile*, *agréable*, sont des adjectifs, parce qu'on peut dire *personne habile*, *chose agréable*.

Les adjectifs ont les deux genres, *masculin* et *feminin*. Cette différence de genre se marque ordinairement par la dernière lettre.

Comment se forme le féminin dans les adjectifs françois.

RÈGLE GÉNÉRALE. Quand un adjectif ne finit point par un *e* muet, on y ajoute un *e* muet pour former le féminin: *prudent*, *prudente*; *saint*, *sainte*; *méchant*, *méchante*; *petit*, *petite*; *grand*, *grande*; *poli*, *polie*; *vrai*, *vraie*, etc.

EXCEPTIONS. *Première exception.* Les adjectifs suivans, *cruel*, *pareil*, *fol*, *mol*, *ancien*, *bon*, *gras*, *gros*, *nul*, *net*, *sot*, *épais*, etc., doublent au féminin leur dernière consonne avec l'*e* muet: *cruelle*, *pareille*, *folle*, *molle*, *ancienne, bonne, grasse, grosse, nulle, nette, sotte, épaisse.*

Beau et *nouveau* font au féminin *belle, nouvelle*, parce qu'au masculin on dit aussi *bel, nouvel*, devant une voyelle ou une *h* muette, *bel oiseau, bel homme, nouvel appartement.*

Deuxième exception. Blanc, franc, sec, frais, font au féminin, *blanche, franche, sèche, fraîche.*

Public, caduc, font *publique caduque.*

Troisième exception. Les adjectifs *bref, naïf*, font au féminin, *brève, naïve*, en changeant *f* en *v*; *long* fait *longue.*

Quatrième exception. Malin, bénin, font *maligne, bénigne.*

Cinquième exception. Les adjectifs en *eur* font ordinairement leur féminin en *euse*: *trompeur, trompeuse; parleur, parleuse; chanteur, chanteuse*: cependant *pécheur* fait *pécheresse; acteur* fait *actrice; protecteur, protectrice.*

Sixième exception. Les adjectifs terminés en *x* se changent en *se*: *dangereux, dangereuse; honteux, honteuse; jaloux, jalouse*, etc. Cependant *doux* fait *douce, roux* fait *rousse.*

Comment se forme le pluriel.

Le pluriel dans les adjectifs se forme comme dans les noms en ajoutant *s* à la fin: *bon, bonne*: au pluriel *bons, bonnes*, etc.

Mais la plupart des adjectifs qui finissent par *al*, n'ont pas de pluriel masculin, comme *filial*, *fatal*, *frugal*, *pascal*, *pastoral*, *naval*, *trivial*, *vénal*, *littéral*, *conjugal*, *austral*, *boréal*, *final*.

ACCORD DES ADJECTIFS AVEC LES NOMS.

Règle. Tout adjectif doit être du même genre et du même nombre que le nom auquel il se rapporte.

Exemples. *Le bon père*, *la bonne mère* : *bon* est du masculin et du singulier ; parce que *père* est du masculin et du singulier ; *bonne* est du féminin et du singulier, parce que mère est du féminin et du singulier.

De beaux jardins, *de belles fleurs* : *beaux* est du masculin et au pluriel, parce que *jardins* est du masculin et au pluriel, etc.

Quand un adjectif se rapporte à deux noms singuliers, on met cet adjectif au pluriel, parce que deux singuliers valent un pluriel.

Exemple. *Le roi et le berger sont* égaux *après la mort* (et non pas *égal*).

Si les deux noms sont de différens genres, on met l'adjectif au masculin.

Exemple. *Mon père et ma mère sont* contens (et non pas *contentes*).

Quant à la place des adjectifs, il y en a qui se mettent devant le nom, comme *beau* jardin ; *grand* arbre, etc. D'autres se mettent après le nom, comme *habit* rouge, *table* ronde, etc. L'usage est le seul guide à cet égard.

RÉGIME DES ADJECTIFS (1).

Règle. Pour joindre un nom à un adjectif précédent, on met *de* ou *à* entre cet adjectif et le nom : alors on appelle ce nom le *régime* de l'adjectif.

Exemple. *Digne de récompense*, *content de son sort*, *utile à l'homme*, *semblable à son père*, *propre à la guerre*. *Récompense* est le régime de l'adjectif *digne*, parce qu'il est joint à cet adjectif par le mot *de*. L'*homme* est le régime de l'adjectif *utile*, parce qu'il est joint à cet adjectif par le mot *à*.

Degrés de signification dans les Adjectifs.

On distingue dans les adjectifs trois degrés de signification, le *positif*, le *comparatif*, et le *superlatif*.

Le *positif* n'est autre chose que l'adjectif même, comme *beau*, *belle*, *agréable*.

Le *comparatif*, c'est l'adjectif avec comparaison : quand on compare deux choses, on trouve que l'une est ou supérieure à l'autre, ou inférieure à l'autre, ou égale à l'autre.

(1) La manière d'accorder un mot avec un autre mot, ou de faire régir un mot par un autre mot, s'appelle la *syntaxe* : ainsi la syntaxe est la manière de joindre les mots ensemble. Il y a deux sortes de syntaxe : la syntaxe d'*accord*, par laquelle on fait accorder deux mots en genre, en nombre, etc. ; la syntaxe de *régime*, par laquelle un mot régit *de* ou *à* devant un autre mot.

Pour marquer un comparatif de *supériorité*, on met *plus* devant l'adjectif, comme *la rose est* plus *belle que la violette.*

Pour marquer un comparatif *d'infériorité*, l'on met *moins* devant l'adjectif, comme *la violette est* moins *belle que la rose.*

Pour marquer un comparatif *d'égalité*, on met *aussi* devant l'adjectif, comme *la rose est* aussi *belle que la tulipe.*

Le mot *que* sert à joindre les deux choses que l'on compare.

Nous avons trois adjectifs qui expriment seuls une comparaison : *meilleur*, au lieu de *plus bon*, qui ne se dit pas ; *moindre*, au lieu de *plus petit ; pire*, au lieu de *plus mauvais* : comme *la vertu est* meilleure *que la science*, *le mensonge est* pire *que l'indocilité.*

L'adjectif est au *superlatif* quand il exprime la qualité dans un très-haut degré, ou dans le plus haut degré. Pour former le superlatif on met *très*, ou *le plus*, devant l'adjectif, comme *Paris est une très-belle ville*, et alors le superlatif s'appelle *absolu ;* ou *Paris est* la plus *belle des villes ;* et ce superlatif s'appelle *relatif*, parce qu'il marque un rapport aux autres villes.

Noms et Adjectifs de nombre.

Les noms de nombre sont ceux dont on se sert pour compter.

Il y en a de deux sortes : les noms de nombre *cardinaux*, et les noms de nombre *ordinaux.*

Les noms de nombre *cardinaux* sont *un* ;

deux, *trois*, *quatre*, *cinq*, *six*, *sept*, *huit*, *neuf*, *dix*, *onze*, *douze*, *treize*, *quatorze*, *quinze*, *seize*, *dix-sept*, *dix-huit*, *dix-neuf*, *vingt*, *trente*, *quarante*, *cinquante*, *soixante*, *quatre-vingts*, *cent*, *mille*, etc.

Les noms de nombre *ordinaux* se forment des cardinaux : ces noms sont *premier*, *second*, *troisième*, *quatrième*, *cinquième*, *sixième*, *septième*, *huitième*, *neuvième*, *dixième*, etc.

Il y a encore des noms de nombre qui servent à marquer une certaine quantité, comme une *dizaine*, une *douzaine*, etc.

Il y en a encore d'autres qui marquent les parties d'un tout, comme la *moitié*, le *tiers*, le *quart*, etc.

Enfin il y en a qui servent à multiplier, comme le *double*, le *triple*, etc.

CHAPITRE IV.

QUATRIÈME ESPÈCE DE MOTS.

Du Pronom.

Le *pronom* est un mot qui tient la place du nom.

Pronoms personnels.

Les pronoms *personnels* sont ceux qui désignent les personnes.

Il y a trois personnes : la première personne est celle qui parle ; la seconde personne est celle à qui l'on parle ; la troisième personne est celle de qui l'on parle.

Pronom de la première personne.

Ce pronom est des deux genres : masculin, si c'est un homme qui parle ; féminin, si c'est une femme.

EXEMPLES.

SINGULIER. Je *ou* moi.

Me *pour* à moi, moi.	*Le maître* me *donnera un livre*; c'est-à-dire, *donnera* à moi. *Le maître* me *regarde*; c'est-à-dire, *regarde* moi.

PLURIEL. Nous.

Pronom de la seconde personne.

Il est des deux genres : masculin, si c'est à à un homme qu'on parle ; féminin, si c'est à une femme.

EXEMPLES.

SINGULIER. Tu *ou* toi.

Te *pour* à toi, toi.	*Le maître* te *donnera un livre*; c'est-à dire, *donnera* à toi. *Le maître* te *regarde*, c'est-à-dire, *regarde* toi.

PLURIEL. Vous.

Remarque. Par politesse on dit *vous* au lieu de *tu* au singulier ; par exemple, en parlant à un enfant : *vous* êtes bien aimable.

Pronom de la troisième personne.

EXEMPLES.

SINGULIER. *Masculin*, Il. *Féminin*, Elle.

Lui *pour* à lui, à elle.	*Je* lui *dois de l'estime* ; c'est-à-dire, *je dois* à lui, à elle.
Masculin, Le. *Féminin*, La.	*Je* la *connois* ; c'est-à-dire, *je connois* lui. *Je* le *connois*, c'est-à-dire, *je connois* elle.

PLURIEL. *Masculin*, Ils *ou* Eux. *Féminin*, Elles.

Leur *pour* à eux, à elles.	*Je* leur *dois le respect* ; c'est-à-dire, *je dois* à eux, à elles.
Les *pour* eux, elles.	*Je* les *connois* ; c'est-à-dire, *je connois* eux, elles.

Il y a encore un pronom de la troisième personne, *soi*, *se* ; il est des deux genres et des deux nombres : on l'appelle *pronom réfléchi*, parce qu'il marque le rapport d'une personne à elle-même.

EXEMPLES.

De Soi.

Se *pour* à soi, soi.	*Il* se *donne des louanges* ; c'est-à-dire, *il donne* à soi. *Il* se *flatte* ; c'est-à-dire, *il flatte* soi.

Il y a deux mots qui servent de pronoms ; SAVOIR :

1°. *En*, qui signifie *de lui*, *d'elle*, *d'eux*, *d'elles* : ainsi quand on dit, *j'en parle*, on peut entendre, *je parle* de lui, d'elle, *etc.* selon la personne ou la chose dont le nom a été exprimé auparavant.

2°. *Y*, qui signifie *à cette chose*, *à ces choses* ; comme quand on dit, *je m'y applique*, c'est-à-dire *je m'applique* à cette chose, à ces choses.

Règle des Pronoms.

Les pronoms *il*, *elle*, *ils*, *elles*, doivent toujours être du même genre et du même nombre que le nom dont ils tiennent la place : ainsi, en parlant de la tête, dites : elle *me fait mal; elle*, parce que ce pronom se rapporte à *tête*, qui est du féminin et au singulier ; et en parlant de plusieurs jardins, dites : ils *sont beaux ; ils*, parce que ce pronom se rapporte à *jardins*, qui est du masculin et au pluriel.

Pronoms adjectifs.

Il y a des pronoms adjectifs qui marquent la possession d'une chose comme *mon* livre, *votre* cheval, *son* chapeau, c'est-à-dire, le livre *qui est à moi*, le cheval *qui est à vous*, le chapeau *qui est à lui.*

SINGULIER.		PLURIEL.
Masculin.	*Féminin.*	*Des deux Genres.*
Mon.	Ma.	Mes.
Ton.	Ta.	Tes.
Son.	Sa	Ses.
Des deux Genres.		
Notre.		Nos.
Votre.		Vos.
Leur.		Leurs.

Première remarque. Ces pronoms sont toujours joints à un nom : *mon livre*, *ton chapeau*.

Deuxième remarque. Mon, *ton*, *son*, s'emploient au féminin devant une voyelle ou une *h* muette ; on dit (1) *mon ame* pour ma

---

(1) On dit de même, *viendra-t-il* pour *viendra-il? si l'on* pour *si on* : cette manière de s'exprimer n'est que pour rendre la prononciation plus douce.

ame; ton humeur, pour *ta humeur; son épée* pour *sa épée.*

Autre Pronom.

SINGULIER.		PLURIEL.	
Masculin.	*Féminin.*	*Masculin.*	*Féminin.*
Le Mien	La Mienne.	Les Miens.	Les Miennes.
Le Tien.	La Tienne.	Les Tiens.	Les Tiennes.
Le Sien.	La Sienne.	Les Siens.	Les Siennes.
		Des deux Genres.	
Le Nôtre.	La Nôtre.	Les Nôtres.	
Le Vôtre.	La Vôtre.	Les Vôtres.	
Le Leur.	La Leur.	Les Leurs.	

2°. Il y a des pronoms adjectifs qui servent à montrer la chose dont on parle, comme quand je dis : *ce* livre, *cette* table, je montre un *livre*, une *table*.

SINGULIER.		PLURIEL.	
Masculin.	*Féminin.*	*Masculin.*	*Féminin.*
Ce, Cet.	Cette.	Ces.	Ces.
Celui.	Celle.	Ceux.	Celles.
Celui-ci.	Celle-ci.	Ceux-ci.	Celles-ci.
Celui-là.	Celle-là.	Ceux-là.	Celles-là.
Ceci.			
Cela			

Remarque. On met *ce* devant les noms qui commencent par une consonne ou une *h* aspirée: *ce village*, *ce hameau :* on met *cet* devant une voyelle ou une *h* muette : *cet oiseau*, *cet* homme.

Celui-ci, *celle-ci*, s'emploient pour montrer des choses qui sont proches : *celui-là*, *celle-là*; pour montrer des choses éloignées.

3°. Il y a des pronoms *relatifs*, c'est-à-dire qui ont rapport à un nom qui est devant, comme quand je dis : *Dieu* qui *a créé le monde*, *qui* se rapporte à *Dieu ; le livre* que *je lis*, *que* se rapporte à *livre*. Le mot auquel *qui* ou *que* se rapporte, s'appelle *antécédent*. Dans les deux exemples ci-dessus, *Dieu* est l'antécédent du pronom relatif *qui ; livre* est l'antécédent du pronom relatif *que*.

Pronom relatif.

Qui.
Dont *ou* de qui. } *des deux genres et des deux nombres.*
Que.

Règle du Qui *ou* Que *relatif.*

Qui ; que, *relatif*, s'accorde avec son antécédent en *genre*, en *nombre* et en *personne* : ainsi dans cet exemple : *l'enfant* qui *joue*, *qui* est du singulier et de la troisième personne, parce que *l'enfant* est du singulier et de la troisième personne ; il est du masculin, si c'est un petit garçon qui joue ; il est du féminin, si c'est une petite fille.

4°. Il y a des pronoms *interrogatifs* : *qui ? que ? quel ? quelle ?* comme quand on dit : qui *a fait cela ?* que *vous dirai-je ? Qui* ou *que* est interrogatif, quand il n'a point d'antécédent, et qu'on peut le tourner par *quelle personne ?* ou *quelle chose ?* Dans les deux exemples ci-dessus on peut dire : *quelle personne* a fait cela ? *quelle chose* vous dirai-je ?

auteur.

3°. Ceux qui sont tantôt joints à un nom, et tantôt seuls, comme *nul*, *nulle*; *aucun*, *aucune*; *l'un*, *l'autre*; *même*; *tel*, *telle*; *plusieurs*; *tout*, *toute*.

4°. Ceux qui sont suivis de *que*, comme *qui* que ce soit, *quoi* que ce soit, *quel*, *quelle que*; par exemple : *quel* que soit votre mérite, *quelle* que soit votre fortune. *Quoi que*; par exemple : *quoi* que vous fassiez. *Quelque* . . . que; par exemple : *quelques* richesses que vous ayez. *Tout* . . . que, *toute* . . . que; par exemple : *tout* savant que vous êtes, la campagne *toute* belle qu'elle est.

CHAPITRE V.

CINQUIÈME ESPÈCE DE MOTS.

Le Verbe.

LE Verbe est un mot dont on se sert pour

exprimer que l'on est ou que l'on ſait quelque chose ; ainsi le mot *être*, *je suis*, est un verbe ; le mot *lire*, *je lis*, est un verbe.

On connoît un verbe en françois quand on peut y ajouter ces pronoms, *je*, *tu*, *il*, *nous*, *vous*, *ils*; comme je *lis*, tu *lis*, il *lit*; nous *lisons*, vous *lisez*, ils *lisent*.

Les pronoms *je*, *nous*, marquent la première personne, c'est-à-dire, celle qui parle ; *tu*, *vous*, marquent la seconde personne, c'est-à-dire, celle à qui l'on parle ; *il*, *elle*, *ils*, *elles*, et tout nom placé devant un verbe, marquent la troisième personne, c'est-à-dire celle de qui l'on parle.

Il y a dans les verbes deux nombres : le *singulier*, quand on parle d'une seule personne comme, *je lis*, *l'enfant dort*; le *pluriel*, quand on parle de plusieurs personnes, comme *nous lisons*, *les enfans dorment*.

Il y a trois temps : le *présent*, qui marque que la chose est ou se fait actuellement, comme *je lis*; le *passé* ou *prétérit*, qui marque que la chose a été faite, comme *j'ai lu*; le *futur*, qui marque que la chose sera ou se fera, comme *je lirai*.

On distingue plusieurs sortes de prétérits ou passés, savoir, un *imparfait*, *je lisois*; trois *parfaits*, *je lus*, *j'ai lu*, *j'eus lu*; et un *plus-que parfait*, *j'avois lu*.

On distingue aussi deux ſuturs : le futur simple, *je lirai* : et le futur passé, *j'aurai lu*.

Il y a cinq modes ou manières de signifier dans les verbes françois.

1°. L'*indicatif*, quand on affirme que la chose est, ou qu'elle a été, ou qu'elle sera.

2°. Le *conditionnel*, quand on dit qu'une chose seroit, ou qu'elle auroit été moyennant une condition.

3°. L'*impératif*, quand on commande de la faire.

4°. Le *subjonctif*, quand on souhaite, ou qu'on doute qu'elle se fasse.

5°. L'*infinitif*, qui exprime l'action ou l'état en général, sans nombre ni personne, comme *lire*, *être*.

Réciter de suite les différens modes d'un verbe avec tous leurs temps, leurs nombres et leurs personnes, cela s'appelle *conjuguer*.

Il y a en françois quatre conjugaisons différentes, que l'on distingue par la terminaison de l'infinitif.

La première conjugaison a l'infinitif terminé en *er* comme *aimer*.

La seconde a l'infinitif terminé en *ir*, comme *finir*.

La troisième a l'infinitif terminé en *oir*, comme *recevoir*.

La quatrième a l'infinitif terminé en *re*, comme *rendre*.

Il y a deux verbes que l'on nomme *auxiliaires*, parce qu'ils aident à conjuguer tous les autres ; nous commencerons par ces deux verbes.

VERBE AUXILIAIRE AVOIR.

INDICATIF.

PRÉSENT.

Sing. J'ai.
Tu as (1)
Il *ou* elle a.
Plur. Nous avons.
Vous avez.
Ils *ou* elles ont.

IMPARFAIT.

J'avois.
Tu avois.
Il avoit.
Nous avions.
Vous aviez.
Ils *ou* elles avoient.

PRÉTERIT DEFINI (2).

J'eus.
Tu eus.
Il eut.
Nous eûmes.
Vous eûtes.
Ils eurent.

PRÉTERIT INDEFINI.

J'ai eu.
Tu as eu.
Il a eu.
Nous avons eu.
Vous avez eu.
Ils ont eu.

PRÉTÉRIT ANTÉRIEUR.

J'eus eu.
Tu eus eu.
Il eut eu.
Nous eûmes eu.
Vous eûtes eu.
Ils eurent eu.

PLUS-QUE-PARFAIT.

J'avois eu.
Tu avois eu.
Il avoit eu.
Nous avions eu.
Vous aviez eu.
Ils avoient eu.

FUTUR.

J'aurai
Tu auras.
Il aura.
Nous aurons.
Vous aurez.
Ils auront.

FUTUR PASSÉ.

J'aurai eu.
Tu auras eu.
Il aura eu.
Nous aurons eu.
Vous aurez eu.
Ils auront eu.

(1) Toutes les secondes personnes du singulier ont une *s* à la fin.

(2) On appelle prétérit *défini* celui qui marque un temps entièrement passé. Exem ple : *j'eus hier la fièvre*. On appelle

CONDITIONNELS.

PRÉSENT.

J'aurois.
Tu aurois.
Il auroit.
Nous aurions.
Vous auriez.
Ils auroient.

PASSÉ.

J'aurois eu.
Tu aurois eu.
Il auroit eu.
Nous aurions eu.
Vous auriez eu.
Ils auroient eu.

On dit aussi : *j'eusse eu*, *tu eusses eu*, *il eût eu*, *nous eussions eu*, *vous eussiez eu*, *ils eussent eu*.

IMPÉRATIF.

Point de première personne.

Aie *ou* aye.
Qu'il ait.
Ayons.
Ayez.
Qu'ils aient *ou* ayent.

SUBJONCTIF.

PRESENT OU FUTUR.

Que j'aie.
Que tu aies.
Qu'il ait.
Que nous ayons.
Que vous ayez.
Qu'ils ayent.

IMPARFAIT.

Que j'eusse.
Que tu eusses.
Qu'il eût.
Que nous eussions.
Que vous eussiez.
Qu'ils eussent.

PRETERIT.

Que j'aie eu.
Que tu aies eu.
Qu'il ait eu.
Que nous ayons eu.
Que vous ayez eu.
Qu'ils aient eu.

PLUS-QUE-PARFAIT.

Que j'eusse eu.
Que tu eusses eu.
Qu'il eût eu.
Que nous eussions eu.
Que vous eussiez eu.
Qu'ils eussent eu.

INFINITIF.

PRÉSENT.

Avoir.

PRETERIT.

Avoir eu.

PARTICIPES.

PRESENT.

Ayant.

PASSÉ.

Eu, eue, ayant eu.

FUTUR.

Devant avoir.

---

prétérit *indéfini*, celui qui marque un temps dont il peut rester encore quelque partie à s'écouler. Exemple : *j'ai eu la fièvre aujourd'hui*. On appelle prétérit *antérieur*, celui qui marque une chose faite avant une autre. Exemple : *dès que nous eûmes vu la fete, nous partimes.*

VERBE AUXILIAIRE AVOIR.

INDICATIF.

PRÉSENT.

Sing. J'ai.
Tu as (1)
Il *ou* elle a.
Plur. Nous avons
Vous avez.
Ils *ou* elles ont.

IMPARFAIT.

J'avois.
Tu avois.
Il avoit.
Nous avions.
Vous aviez.
Ils *ou* elles avoient

PRÉTÉRIT DÉFINI (2).

J'eus.
Tu eus.
Il eut.
Nous eûmes.
Vous eûtes.
Ils eurent.

PRÉTÉRIT INDÉFINI.

J'ai eu.
Tu as eu.
Il a eu.
Nous avons eu.
Vous avez eu.
Ils ont eu.

PRÉTÉRIT ANTÉRIEUR.

J'eus eu.
Tu eus eu.
Il eut eu.
Nous eûmes eu.
Vous eûtes eu.
Ils eurent eu.

PLUS-QUE-PARFAIT.

J'avois eu.
Tu avois eu.
Il avoit eu.
Nous avions eu.
Vous aviez eu.
Ils avoient eu.

FUTUR.

J'aurai
Tu auras.
Il aura.
Nous aurons.
Vous aurez.
Ils auront.

FUTUR PASSÉ.

J'aurai eu.
Tu auras eu.
Il aura eu.
Nous aurons eu.
Vous aurez eu.
Ils auront eu.

(1) Toutes les second person[...]
la fin.

(2) On appell[...]
entierem[...]

CONDITIONNELS.

PRÉSENT.

J'aurois.
Tu aurois.
Il auroit.
Nous aurions.
Vous auriez.
Ils auroient.

PASSÉ.

J'aurois eu.
Tu aurois eu.
Il auroit eu.
Nous aurions eu.
Vous auriez eu.
Ils auroient eu.

On dit aussi : *j'eusse eu*, *tu eusses eu*, *il eût eu*, *nous eussions eu*, *vous eussiez eu*, *ils eussent eu*.

IMPÉRATIF.

Point de première personne.

Aie *ou* aye.
Qu'il ait.
Ayons.
Ayez.
Qu'ils aient *ou* ayent.

SUBJONCTIF.

PRESENT OU FUTUR.

Que j'aie.
Que tu aies.
Qu'il ait.
Que nous ayons.

I PARFAIT.

Que j'e se.
Que tu isses.
Qu'il e
Que n s eussions.
Que vo eussiez.
Qu'ils ssent.

ETERIT.

Que j'a eu.
Que tu es eu.
Qu'il ai u.
Que n ayons eu.
Que vo ayez eu.
Qu'ils nt eu.

PLU QUE-PARFAIT.

Que j'e se eu.
Que tu isses eu.
Qu'il e eu.
Que n s eussions eu.
Que v eussiez eu.
Qu'ils ssent eu.

I INITIF.

RÉSENT.

Avoir.

ETERIT.

Avoir e.

PA TICIPES.

PRESENT.

Ayant.

PASSÉ.

Eu, eu, ayant eu.

VERBE AUXILIAIRE ÊTRE.

NDICATIF.

Je suis.
Tu es.
Il *ou* elle est.
Nous sommes.
Vous êtes.
Ils *ou* elles sont.

IMPARFAI

J'étois.
Tu étois.
Il *ou* elle étoit.
Nous étions.
Vous étiez.
Ils *ou* elles étoient

PRETERIT DEF

Je fus.
Tu fu
Il fut.
Nous
Vous
Ils fu

PR

J'ai é
Tu as
Il a é
Nous
Vous
Ils

PR

J'eu
Tu e
eut

Nous eûmes été.
Vous eûtes été.
Ils eurent été.

PLUS-QUE-PARFAIT.

J'avais été.
Tu avais été.
Il avait été.
Nous avions été.
Vous aviez été.
Ils avaient été.

FUTUR.

Je serai.
Tu seras.
Il sera.
Nous serons.
Vous serez.
Ils seront.

FUTUR PASSÉ

i été.
as été.
é.
ous été.
été.
té.

IONNELS.

Passé.

aurois été.
u aurois été.
auroit été.
ous aurions été.
ous auriez été.
s auroient été.

On dit aussi : *j'eusse été, tu ısses été, il eût été, nous ıssions été, vous eussiez té, ils eussent été.*

IMPÉRATIF.

Point de première personne.

Sois.
Qu'il soit.
Soyons.
Soyez.
Qu'ils soient.

SUBJONCTIF.

Présent.

Que je sois.
Q sois.

oyons.
yez.

AIT.

Q

Que vo fussiez.
Qu'ils sent.

ÉTÉRIT.

Que j'a été.
Que tu es été.
Qu'il a été.
Que no ayons été.
Que vo ayez été.
Qu'ils nt été.

PLU UE-PARFAIT.

Que j'e se été.
Que tu sses été.
Qu'il e été.
Que no eussions été.
Que vo eussiez été.
Qu'ils e sent été.

IN INITIF.

ÉSENT.

Être.

ÉTÉRIT.

Avoir é.

PA TICIPES.

ÉSENT.

Étant.

ASSÉ.

Été, a nt été.

UTUR.

Devant tre.

E CONJU AISON.

En ER.

ICATIF.

Nous a ons.
Vous a ez.
s ou es aiment.

Verbe Auxiliaire Être.

INDICATIF.

Je suis.
Tu es.
Il *ou* elle est.
Nous sommes.
Vous ètes.
Ils *ou* elles sont.

Imparfait.

J'étois.
Tu étois.
Il *ou* elle étoit.
Nous étions.
Vous étiez.
Ils *ou* elles étoient.

Preterit defini,

Je fus.
Tu fus.
Il fut.
Nous fûmes.
Vous fûtes.
Ils furent.

Preterit indefini.

J'ai été.
Tu as été.
Il a été.
Nous avons été.
Vous avez été.
Ils ont été.

Preterit anterieur.

J'eus été.
Tu eus été.
Il eut été.
Nous eûmes été.
Vous eûtes été.
Ils eurent été.

Plus-que-parfait.

J'avais été.
Tu avais été.
Il avait été.
Nous avions été.
Vous aviez été.
Ils avaient été.

Futur.

Je serai.
Tu seras.
Il sera.
Nous serons.
Vous serez.
Ils seront.

Futur passé

J'aurai été.
Tu auras été.
Il aura été.
Nous aurons été.
Vous aurez été.
Ils auront été.

CONDITIONNELS.

Présent.

Je serais.
Tu serois.
Il seroit.
Nous serions.
Vous seriez.
Ils seroient.

PASSÉ.

J'aurois été.
Tu aurois été.
Il auroit été.
Nous aurions été.
Vous auriez été.
Ils auroient été.

On dit aussi : *j'eusse été, tu eusses été, il eût été, nous eussions été, vous eussiez été, ils eussent été.*

IMPÉRATIF.

Point de première personne.

Sois.
Qu'il soit.
Soyons.
Soyez.
Qu'ils soient.

SUBJONCTIF.

PRÉSENT.

Que je sois.
Que tu sois.
Qu'il soit.
Que nous soyons.
Que vous soyez.
Qu'ils soient.

IMPARFAIT.

Que je fusse.
Que tu fusses.
Qu'il fût.
Que nous fussions.
Que vous fussiez.
Qu'ils fussent.

PRÉTÉRIT.

Que j'aie été.
Que tu aies été.
Qu'il ait été.
Que nous ayons été.
Que vous ayez été.
Qu'ils aient été.

PLUS-QUE-PARFAIT.

Que j'eusse été.
Que tu eusses été.
Qu'il eût été.
Que nous eussions été.
Que vous eussiez été.
Qu'ils eussent été.

INFINITIF.

PRÉSENT.

Être.

PRÉTÉRIT.

Avoir été.

PARTICIPES.

PRÉSENT.

Étant.

PASSÉ.

Été, ayant été.

FUTUR.

Devant être.

PREMIÈRE CONJUGAISON.

EN ER.

INDICATIF.

PRÉSENT.

J'aime.
Tu aimes,
Il *ou* elle aime.
Nous aimons.
Vous aimez.
Ils *ou* elles aiment.

IMPARFAIT.

J'aimois.
Tu aimois.
Il *ou* elle aimoit.
Nous aimions
Vous aimiez.
Ils *ou* elles aimoient.

PRÉTERIT DÉFINI.

J'aimai.
Tu aimas.
Il aima.
Nous aimâmes.
Vous aimâtes.
Ils aimèrent.

PRÉTERIT INDEFINI.

J'ai aimé.
Tu as aimé.
Il a aimé.
Nous avons aimé.
Vous avez aimé.
Ils ont aimé.

PRÉTERIT ANTERIEUR.

J'eus aimé.
Tu eus aimé.
Il eut aimé.
Nous eûmes aimé.
Vous eûtes aimé.
Ils eurent aimé. (1)

PLUS-QUE-PARFAIT.

J'avois aimé.
Tu avois aimé.
Il avoit aimé.
Nous avions aimé.
Vous aviez aimé.
Ils avoient aimé.

FUTUR.

J'aimerai.
Tu aimeras.
Il aimera.
Nous aimerons.
Vous aimerez.
Ils aimeront.

FUTUR PASSÉ.

J'aurai aimé.
Tu auras aimé.
Il aura aimé.
Nous aurons aimé.
Vous aurez aimé.
Ils auront aimé.

CONDITIONNELS.

PRESENT.

J'aimerois.
Tu aimerois.
Il aimeroit.
Nous aimerions.
Vous aimeriez.
Ils aimeroient.

PASSÉ.

J'aurois aimé.
Tu aurois aimé.
Il auroit aimé.
Nous aurions aimé.
Vous auriez aimé.
Ils auroient aimé.

On dit aussi: *j'eusse aimé, tu eusses aimé, il eût aimé, nous.*

(1) Il y a un quatrième prétérit, dont on se sert rarement; le voici: J'ai eu aimé, tu as eu aimé, il a eu aimé, nous avons eu aimé, vous avez eu aimé, ils ont eu aimé.

eussions aimé, vous eussiez aimé, ils eussent aimé.

IMPERATIF.

Point de première personne.

Aime.
Qu'il aime.
Aimons.
Aimez.
Qu'ils aiment.

SUBJONCTIF.

PRÉSENT OU FUTUR.

Que j'aime,
Que tu aimes.
Qu'il aime.
Que nous aimions.
Que vous aimiez.
Qu'ils aiment.

IMPARFAIT.

Que j'aimasse.
Que tu aimasses.
Qu'il aimât.
Que nous aimassions.
Que vous aimassiez.
Qu'ils aimassent.

PRETERIT.

Que j'aye aimé.
Que tu ayes aimé.
Qu'il ait aimé.
Que nous ayons aimé.
Que vous ayez aimé.
Qu'ils aient aimé.

PLUS-QUE-PARFAIT.

Que j'eusse aimé.
Que tu eusses aimé.
Qu'il eût aimé.
Que nous eussions aimé.
Que vous eussiez aimé.
Qu'ils eussent aimé.

INFINITIF.

PRESENT.

Aimer.

PASSE.

Avoir aimé.

PARTICIPES.

PRESENT.

Aimant.

PASSÉ.

Aimé, aimée, ayant aimé.

FUTUR.

Devant aimer.

Ainsi se conjugent les verbes *chanter*, *danser*, *manger*, *appeler*, et tous ceux dont l'infinitif se termine en *er*.

SECONDE CONJUGAISON.

EN IR.

INDICATIF.

PRESENT.

Je finis.
Tu finis.
Il finit.
Nous finissons.
Vous finissez.
Ils finissent.

IMPARFAIT

Je finissois.
Tu finissois.
Il finissoit.
Nous finissions.
Vous finissiez.
Ils finissoient.

PRETERIT DEFINI.

Je finis.
Tu finis.
Il finit.
Nous finîmes.
Vous finîtes.
Ils finirent.

PRETERIT INDEFINI.

J'ai fini.
Tu as fini.
Il a fini.
Nous avons fini.
Vous avez fini.
Ils ont fini.

PRETERIT ANTERIEUR.

J'eus fini.
Tu eus fini.
Il eut fini.
Nous eûmes fini.
Vous eûtes fini.
Ils eurent fini. (1)

PLUS-QUE-PARFAIT.

J'avois fini.
Tu avois fini.
Il avoit fini.
Nous avions fini.
Vous aviez fini.
Ils avoient fini.

FUTUR.

Je finirai.
Tu finiras.
Il finira.
Nous finirons.
Vous finirez.
Ils finiront.

FUTUR PASSÉ.

J'aurai fini.
Tu auras fini.
Il aura fini.
Nous aurons fini.
Vous aurez fini.
Ils auront fini.

CONDITIONNELS.

PRESENT.

Je finirois.
Tu finirois.
Il finiroit.
Nous finirions.
Vous finiriez.
Ils finiroient.

PASSÉ.

J'aurois fini.
Tu aurois fini.
Il auroit fini.
Nous aurions fini.
Vous auriez fini.
Ils auroient fini.

On dit aussi : *j'eusse fini, tu eusses fini, il eût fini, nous eussions fini, vous eussiez fini, ils eussent fini.*

---

(1) Il y a un quatrième prétérit, mais on s'en sert rarement. Le voici : J'ai eu fini, tu as eu fini, il a eu fini, nous avons eu fini, vous avez eu fini, ils ont eu fini.

IMPÉRATIF.

Point de première personne.
Finis.
Qu'il finisse.
Finissons.
Finissez.
Qu'ils finissent.

SUBJONCTIF.

PRÉSENT ou FUTUR.

Que je finisse.
Que tu finisses.
Qu'il finisse.
Que nous finissions.
Que vous finissiez.
Qu'ils finissent.

IMPARFAIT.

Que je finisse.
Que tu finisses.
Qu'il finît.
Que nous finissions.
Que vous finissiez.
Qu'ils finissent.

PRETERIT.

Que j'aie fini.
Que tu aies fini.
Qu'il ait fini.
Que nous ayons fini.
Que vous ayez fini.
Qu'ils aient fini.

PLUS-QUE-PARFAIT.

Que j'eusse fini.
Que tu eusses fini.
Qu'il eût fini.
Que nous eussions fini.
Que vous eussiez fini.
Qu'ils eussent fini.

INFINITIF.

PRESENT.

Finir.

PRÉTERIT.

Avoir fini.

PARTICIPES.

PRESENT

Finissant.

PASSÉ.

Fini, finie, ayant fini.

FUTUR.

Devant finir.

Ainsi se conjuguent *avertir*, *guérir*, *ensevelir*, *bénir* : mais ce dernier a deux participes : *bénit*, *bénite*, pour les choses consacrées par les prières des prêtres ; *béni*, *bénie*. par-tout ailleurs. *Haïr* ; mais ce verbe fait au présent de l'indicatif, je *hais*, tu *hais*, il *hait* ; on prononce, je *hès*, tu *hès*, il *hèt*.

TROISIEME CONJUGAISON.

En OIR.

INDICATIF.

PRESENT.

Je reçois.
Tu reçois.
Il reçoit.
Nous recevons.
Vous recevez.
Ils reçoivent.

IMPARFAIT.

Je recevois.
Tu recevois.
Il recevoit.
Nous recevions.
Vous receviez.
Ils recevoient.

PRÉTERIT DÉFINI.

Je reçus.
Tu reçus.
Il reçut.
Nous reçûmes.
Vous reçûtes.
Ils reçurent.

PRÉTERIT INDÉFINI.

J'ai reçu.
Tu as reçu.
Il a reçu.
Nous avons reçu.
Vous avez reçu.
Ils ont reçu.

PRÉTERIT ANTERIEUR.

J'eus reçu.
Tu eus reçu.
Il eût reçu.
Nous eûmes reçu.
Vous eûtes reçu.
Ils eurent reçu (1).

PLUS-QUE-PARFAIT.

J'avois reçu.
Tu avois reçu.
Il avoit reçu.
Nous avions reçu.
Vous aviez reçu.
Ils avoient reçu.

FUTUR.

Je recevrai.
Tu recevras.
Il recevra.
Nous recevrons.
Vous recevrez.
Ils recevront.

FUTUR PASSÉ.

J'aurai reçu.
Tu auras reçu.
Il aura reçu.
Nous aurons reçu.
Vous aurez reçu.
Ils auront reçu.

---

(1) Il y a un quatrième prétérit, mais on s'en sert rarement. Le voici : J'ai eu reçu, tu as eu reçu, il a eu reçu, nous avons eu reçu, vous avez eu reçu, ils ont eu reçu.

CONDITIONNELS.

PRÉSENT.

Je recevrois.
Tu recevrois.
Il recevroit.
Nous recevrions
Vous recevriez.
Ils recevroient.

PASSÉ.

J'aurois reçu.
Tu aurois reçu.
Il auroit reçu.
Nous aurions reçu.
Vous auriez reçu.
Ils auroient reçu.

On dit aussi : *j'eusse reçu, tu eusses reçu, il eût reçu : nous eussions reçu, vous eussiez reçu, ils eussent reçu.*

IMPÉRATIF.

Point de première personne.

Reçois.
Qu'il reçoive.
Recevons.
Recevez.
Qu'ils reçoivent.

SUBJONCTIF.

PRÉSENT OU FUTUR.

Que je reçoive.
Que tu reçoives.
Qu'il reçoive.
Que nous recevions.
Que vous receviez.
Qu'ils reçoivent.

IMPARFAIT.

Que je reçusse.
Que tu reçusses.
Qu'il reçût.
Que nous reçussions.
Que vous reçussiez.
Qu'ils reçussent.

PRÉTERIT.

Que j'aie reçu.
Que tu aies reçu.
Qu'il ait reçu.
Que nous ayons reçu.
Que vous ayez reçu.
Qu'ils aient reçu.

PLUS-QUE-PARFAIT.

Que j'eusse reçu.
Que tu eusses reçu.
Qu'il eût reçu.
Que nous eussions reçu.
Que vous eussiez reçu.
Qu'ils eussent reçu.

INFINITIF.

PRÉSENT.

Recevoir.

PRÉTERIT.

Avoir reçu.

PARTICIPES.

PRÉSENT.

Recevant.

PASSÉ.

Reçu, reçue, ayant reçu.

FUTUR.

Devant recevoir.

Ainsi se conjugent *apercevoir*, *concevoir*, *devoir*, *percevoir*.

QUATRIEME CONJUGAISON,

En RE.

INDICATIF.

PRÉSENT.

Je rends.
Tu rends.
Il rend.
Nous rendons.
Vous rendez.
Ils rendent.

IMPARFAIT.

Je rendois.
Tu rendois.
Il rendoit.
Nous rendions.
Vous rendiez,
Ils rendoient.

PRÉTÉRIT DÉFINI.

Je rendis.
Tu rendis.
Il rendit.
Nous rendîmes.
Vous rendîtes.
Ils rendirent.

PRÉTERIT INDÉFINI.

J'ai rendu.
Tu as rendu.
Il a rendu.
Nous avons rendu.
Vous avez rendu.
Ils ont rendu.

PRÉTÉRIT ANTÉRIEUR.

J'eus rendu.
Tu eus rendu.
Il eût rendu.
Nous eûmes rendu.
Vous eûtes rendu.
Ils eurent rendu (1).

PLUS-QUE-PARFAIT.

J'avois rendu.
Tu avois rendu.
Il avoit rendu.
Nous avions rendu.
Vous aviez rendu.
Ils avoient rendu.

FUTUR.

Je rendrai.
Tu rendras.
Il rendra.
Nous rendrons.
Vous rendrez.
Ils rendront.

FUTUR PASSÉ.

J'aurai rendu.
Tu auras rendu.
Il aura rendu.
Nous aurous rendu.
Vous aurez rendu.
Ils auront rendu.

(1) Il y a un quatrième prétérit, mais on s'en sert rarement. Le voici : J'ai eu rendu, tu as eu rendu, il a eu rendu, nous avons eu rendu, vous avez eu rendu, ils ont eu rendu.

CONDITIONNELS.

Présent

Je rendrois.
Tu rendrois.
Il rendroit.
Nous rendrions.
Vous rendriez.
Ils rendroient.

Passé.

J'aurois rendu.
Tu aurois rendu.
Il auroit rendu.
Nous aurions rendu.
Vous auriez rendu.
Ils auroient rendu.

On dit aussi : *j'eusse rendu, tu eusses rendu, il eût rendu, nous eussions rendu, vous eussiez rendu, ils eussent rendu.*

IMPÉRATIF.

Point de Première personne.

Rends.
Qu'il rende.
Rendons.
Rendez.
Qu'ils rendent.

SUBJONCTIF.

Présent ou futur.

Que je rende.
Que tu rendes.
Qu'il rende.
Que nous rendions.
Que vous rendiez.
Qu'ils rendent.

Imparfait.

Que je rendisse.
Que tu rendisses.
Qu'il rendît.
Que nous rendissions.
Que vous rendissiez.
Qu'ils rendissent.

Prétérit.

Que j'aie rendu.
Que tu aies rendu.
Qu'il ait rendu.
Que nous ayons rendu.
Que vous ayez rendu.
Qu'ils aient rendu.

Plus-que-parfait.

Que j'eusse rendu.
Que tu eusses rendu.
Qu'il eût rendu.
Que nous eussions rendu.
Que vous eussiez rendu.
Qu'ils eussent rendu.

INFINITIF.

Présent.

Rendre.

Prétérit.

Avoir rendu.

PARTICIPES.

Présent.

Rendant.

Passé.

Rendu, rendue, ayant rendu.

Futur.

Devant rendre.

Ainsi se conjuguent *attendre, entendre suspendre, vendre.*

Des Temps primitifs.

On appelle *temps primitifs* d'un verbe ceux qui servent à former les autres temps dans les quatre conjugaisons.

TABLEAU DES TEMPS PRIMITIFS.

	Présent de l'infinitif.	Participe présent.	Participe passé.	Présent de l'indicatif.	Prétérit de l'indicatif.
PREMIÈRE CONJUGAISON.	Aimer.	Aimant.	Aimé.	J'aime.	J'aimai.
SECONDE CONJUGAISON.	Finir.	Finissant.	Fini.	Je finis.	Je finis.
	Sentir.	Sentant.	Senti.	Je sens.	Je sentis.
	Ouvrir.	Ouvrant.	Ouvert.	J'ouvre.	J'ouvris.
	Tenir.	Tenant.	Tenu.	Je tiens.	Je tins.
TROISIÈME CONJUGAISON.	Recevoir.	Recevant.	Reçu.	Je reçois.	Je reçus.
QUATRIÈME CONJUGAISON.	Rendre.	Rendant.	Rendu.	Je rends.	Je rendis.
	Plaire.	Plaisant.	Plu.	Je plais.	Je plus.
	Paroître.	Paroissant.	Paru.	Je parois.	Je parus.
	Réduire.	Réduisant.	Réduit.	Je réduis.	Je réduisis.
	Plaindre.	Plaignant.	Plaint.	Je plains.	Je plaignis.

I. Du présent de l'indicatif se forme l'impératif, en ôtant seulement le pronom *je*; exemples : *j'aime*, impératif *aime*; *je finis*, imp. *finis*; *je reçois*, imp. *reçois*; *je rends*, imp. *rends*.

Excepté quatre verbes : *je suis*, imp. *sois*; *j'ai*, imp. *aie*; *je vais*, imp. *va*; *je sais*, imp. *sache*.

II. Du prétérit de l'indicatif se forme l'imparfait du subjonctif, en changeant *ai* en *asse* pour la première conjugaison : *j'aimai*, imparfait du subjonctif *que j'aimasse*; et en ajoutant seulement *se* pour les trois autres conjugaisons : *je finis*, *je finisse*; *je reçus*, *je reçusses*; *je rendis*, *je rendisse*.

III. Du présent de l'infinitif on forme :

1°. Le futur de l'indicatif, en changeant *r* ou *re* en *rai*; exemples : *aimer*, *j'aimerai*; *finir*, *je finirai*; *rendre*, *je rendrai*.

EXCEPTIONS. Première conjugaison. *Aller*, futur, *j'irai*; *envoyer*, *j'enverrai*.

Seconde conjugaison. *Tenir*, futur, *je tiendrai*; *venir*, *je viendrai*; *courir*, *je courrai*; *cueillir*, *je cueillerai*; *mourir*, *je mourrai*; *acquérir*, *j'acquerrai*.

Troisième conjugaison. *Recevoir*, futur *je recevrai*; *avoir*, *j'aurai*; *échoir*, *j'écherrai*; *pouvoir*, *je pourrai*; *savoir je saurai*; *s'asseoir*, *je m'asseyerai*; *voir*, *je verrai*; *vouloir*, *je voudrai*; *valoir*, *je vaudrai*; *falloir*, *il faudra*; *pleuvoir*, *il pleuvra*.

Quatrième conjugaison. *Faire*, futur ; *je ferai* ; *être je serai*.

2°. Du futur de l'indicatif on forme le conditionnel présent, en changeant *rai* en *rois* sans exception : *j'aimerai*, conditionnel, *j'aimerois* ; *je finirai je finirois* ; *je recevrai*, *je recevrois* ; *je rendrai*, *je rendrois*.

IV. Du participe présent on forme :

1°. L'imparfait de l'indicatif, en changeant *ant* en *ois* : *aimant*, imparfait, *j'aimois* ; *finissant*, *je finissois* ; *recevant*, *je recevois* ; *rendant*, *je rendois*.

EXCEPTIONS. Il n'y a que deux exceptions : *ayant*, *j'avais* ; *sachant*, *je savois*.

2°. Du même participe on forme la première personne plurielle du présent de l'indicatif, en changeant *ant* en *ons* : *aimant*, *nous aimons* ; *finissant*, *nous finissons* ; *recevant nous recevons*, *rendant*, *nous rendons*.

Excepté : *étant*, *nous sommes* ; *ayant*, *nous avons* ; *sachant nous savons*.

On forme aussi la seconde personne plurielle en *ez* : *vous aimez*, *vous finissez*, *vous recevez*, *vous rendez*.

Excepté *faisant*, *vous faites* ; *disant*, *vous dites*.

Et la troisième personne en *ent*, *ils aiment*, *ils finissent*, etc.

3°. Du même participe présent on forme le présent du subjonctif, en changeant *ant* en *e* muet : *aimant*, *que j'aime* ; *finissant*, *que je finisse* ; *rendant*, *que je rende*.

EXCEPTIONS. Première conjugaison. *Allant, que j'aille.*

Seconde conjugaison. *Tenant que je tienne, venant, que je vienne ; acquérant, que j'acquière.*

Troisième conjugaison. *Recevant, que je reçoive ; pouvant, que je puisse ; valant, que je vaille ; voulant, que je veuille* (1) ; *mouvant, que je meuve ; faillant, qu'il faille.*

Quatrième conjugaison. *Buvant, que je boive ; faisant, que je fasse ; étant, que je sois.*

V. Du participe passé on forme tous les temps composés (de deux mots), en y joignant les temps des verbes auxiliaires *avoir, être* ; comme *j'ai aimé, j'ai fini, j'ai reçu, j'ai rendu ; j'avois aimé ; j'avois fini, j'avois reçu, j'avois rendu ; j'aurai aimé, j'aurai fini, j'aurai reçu, j'aurai rendu ; que j'eusse aimé, que j'eusse fini, que j'eusse reçu, que j'eusse rendu*, etc.

VERBES IRRÉGULIERS.

On appelle *irréguliers* les verbes qui ne suivent pas toujours la règle générale des conjugaisons.

Plusieurs de ces verbes ne sont pas usités à certains temps et à certaines personnes.

---

(1) *Que tu veuilles, qu'il veuille, que nous voulions, que vous vouliez, qu'ils veuilent.*

TEMPS PRIMITIFS

DES

VERBES IRRÉGULIERS.

Présent de l'infinitif.	*Participe présent.*	*Participe passé.*	*Présent de l'indicatif.*	*Prétérit de l'indicatif.*
PREMIÈRE CONJUGAISON.				
aller	allant	allé	je vais	j'allai
puer	puant	pué	je pus	je puai
SECONDE CONJUGAISON.				
courir	courant	couru	je cours	je courus
cueillir	cueillant	cueilli	je cueille	je cueillis
fuir	fuyant	fui	je fuis	je fuis
mourir	mourant	mort	je meurs	je mourus
faillir.	faillant	failli	je faux	je faillis
acquérir	acquérant	acqu	j'acquiers	j'acquis
saillir	saillant	sailli	je saille	je saillis
tressaillir	tressaillant	tressailli	je tressaille	je tressaillis
vêtir.	vêtant	vêtu	je vêts	je vêtis.
revêtir	revêtant.	revêtu	je revêts	je revêtis
TROISIÈME CONJUGAISON.				
choir	....	....	....	....
déchoir	....	déchu	je déchois	je déchus
échoir	échéant	échu.	il échet	j'échus
falloir	....	fallu	il faut	il fallut
mouvoir	mouvant	mu	je meus	je mus
pleuvoir	pleuvant	plu	il pleut	il plut
pouvoir	pouvant	pu	je puis.	je pus
savoir	sachant	su	je sais	je sus
s'asseoir	s'asseyant	assis	je m'assieds	je m'assis
surseoir	....	sursis	je surseois	je sursis
valoir	valant	valu.	je vaux	je valus
voir	voyant	vu	je vois	je vis
pourvoir	pourvoyant	pourvu	je pourvois	je pourvus
vouloir	voulant	voulu	je veux	je voulus.

QUATRIÈME CONJUGAISON

Présent de l'infinitif	*Participe présent*	*Participe passé.*	*Présent de l'indicatif.*	*Prétérit de l'indicatif*
battre	battant	battu	je bats	je battis
boire	buvant	bu	je bois	je bus
braire	....	....	il brait	....
bruire	bruyant	....	....	....
circoncire	....	circoncis	je circoncis	je circoncis
clore	....	clos	je clos	....
conclure	concluant	conclu	je conclus	je conclus
confire	....	confit	je confis	je confis
coudre	cousant	cousu	je couds.	je cousis
croire	croyant	cru	je crois	je crus
dire	disant	dit	je dis	je dis
maudire	maudissant	maudit	je maudis	je maudis
écrire	écrivant	écrit	j'écris	j'écrivis
exclure	excluant	exclus	j'exclus	j'exclus
faire	faisant	fait	je fais	je fis
prendre	prenant	pris	je prends	je pris
lire	lisant	lu	je lis	je lus
luire	luisant	lui	je luis	....
mettre	mettant	mis	je mets	je mis
moudre	moulant	moulu	je mouds	je moulus
naître	naissant.	né	je nais	je naquis
nuire	nuisant	nui	je nuis	je nuisis
rire	riant	ri	je ris	je ris
rompre	rompant	rompu	je romps	je rompis
absoudre.	absolvant	absous	j'absous	....
résoudre	résolvant	résous / résolu	je résous	je résolus
suffire	suffisant	suffi	je suffis	je suffis
suivre	suivant	suivi	je suis	je suivis
traire	trayant	trait	je trais	....
vaincre	vainquant	vaincu	je vaincs*	je vainquis
vivre	vivant	vécu	je vis	je vécus

Nous ne marquons pas les verbes *composés*, parce qu'ils suivent la conjugaison de leurs *simples* : par exemple, les composés *promettre*, *admettre*, etc. se conjuguent comme ce verbe simple *mettre*.

*Le présent et l'imparfait de ce verbe sont de peu d'usage.

Au moyen de cette table, et des règles que nous avons données sur la formation des temps, il n'y a point de verbe qu'on ne puisse conjuguer.

Accord des Verbes avec leur nominatif ou sujet.

On appelle *sujet* ou *nominatif* d'un verbe ce qui est ou ce qui fait la chose qu'exprime le verbe. On trouve le nominatif en mettant *qui est-ce qui?* devant le verbe La réponse à cette question indique le *nominatif*. Quand je dis *l'enfant est sage; qui est ce qui est sage?* réponse, *l'enfant*: voilà le nominatif ou sujet du verbe *est*. *Le lièvre court; qui est-ce qui court?* réponse, *le lièvre*: voilà le nominatif du verbe *court*.

RÈGLE.

Tout verbe doit être du même nombre et de la même personne que son nominatif ou sujet.

EXEMPLE. *Je parle*: *parle* est du nombre singulier et de la première personne, parce que *je*, son nominatif est du singulier et de la première personne. *Vous parlez tous deux*: *parlez* est au nombre pluriel, et de la seconde personne, parce que *vous* est au nombre pluriel et de la seconde personne

Première remarque. Quand un verbe a deux sujets singuliers, on met ce verbe au pluriel.

EXEMPLE. *Mon frère et ma sœur* lisent.

Deuxième remarque. Quand les deux sujets

sont de différentes personnes, on met le verbe à la plus noble personne : la première est plus noble que la seconde, la seconde est plus noble que la troisième.

EXEMPLE. *Vous et moi* nous lisons.

Vous et votre frère vous lisez.

(La politesse françoise veut qu'on nomme d'abord la personne à qui l'on parle, et qu'on se nomme le dernier.)

RÉGIME DES VERBES ACTIFS.

On appelle verbe *actif* celui après lequel on peut mettre, *quelqu'un*, *quelque chose*. *Aimer* est un verbe actif, parce qu'on peut dire, *aimer quelqu'un*. Par exemple, *j'aime Dieu*; ce mot, qui suit le verbe actif, s'appelle le *régime* de ce verbe. On connoît le régime en faisant la question *qu'est-ce que ?* Exemple : *qu'est-ce que j'aime ?* Réponse, *Dieu*. *Dieu* est le régime du verbe j'*aime*.

RÈGLE.

Le régime d'un verbe actif se place ordinairement après le verbe (quand ce n'est pas un pronom.)

EXEMPLES *J'aime Dieu*.

Le chat mange la souris; *la souris* est le régime du verbe *mange*.

Mais quand le régime est un pronom, i se met devant le verbe.

EXEMPLE. Je vous *aime*, pour *j'aime* vous; *il* m'*aime*, pour *il aime* moi.

Remarque. Outre ce premier régime, qu'on appelle *direct*, certains verbes actifs peuvent avoir un second régime, qu'on appelle *indirect* : ce second régime se marque par les mots *à* ou *de*, comme *donner une image à l'enfant* ; *enseigner la grammaire à l'enfant* ; *écrire une lettre à son ami* : *à l'enfant*, est le régime indirect des verbes *donner*, *enseigner* ; *à son ami*, est le régime indirect du verbe *écrire* *Accuser quelqu'un de mensonge* ; *avertir quelqu'un* d'une *faute* ; *délivrer quelqu'un du danger* : *de mensonge*, est le régime indirect du verbe *accuser*, etc.

Tout verbe actif a un passif : ce passif se forme en prenant le régime *direct* de l'actif, pour en faire le nominatif du verbe passif, et en ajoutant après le verbe le mot *par* ou *de*. Ainsi, pour tourner par le passif cette phrase, *le chat mange la souris*, dites : *la souris est mangée* par *le chat* ; *j'aime mon père tendrement*, dites : *mon père est tendrement aimé* de *moi*.

CONJUGAISON DES VERBES PASSIFS.

Il n'y a qu'une seule conjugaison pour tous les verbes passifs ; elle se fait avec l'auxiliaire *être* dans tous ses temps, et le participe passé du verbe qu'on veut conjuguer.

INDICATIF.

PRÉSENT.

Je suis aimé, *ou* aimée.
Tu es aimé, *ou* aimée.
Il est aimé, *ou* elle est aimée.
Nous sommes aimés, *ou* aimées
Vous êtes aimés, *ou* aimées.
Ils sont aimés, *ou* elles sont aimées.

IMPARFAIT.

J'étois aimé, *ou* aimée.
Tu étois aimé, *ou* aimée.
Il étoit aimé, *ou* elle étoit aimée.
Nous étions aimés, *ou* aimées.
Vous étiez aimés, *ou* aimées.
Ils étoient aimés, *ou* elles étoient aimées.

PRÉTÉRIT DÉFINI.

Je fus aimé, *ou* aimée.
Tu fus aimé, *ou* aimée.
Il fut aimé, *ou* elle fut aimée.
Nous fûmes aimés, *ou* aimées.
Vous fûtes aimés, *ou* aimées.
Ils furent aimés, *ou* elles furent aimées.

PRÉTÉRIT INDÉFINI.

J'ai été aimé, *ou* aimée.
Tu as été aimé, *ou* aimée.
Il a été aimé, *ou* elle a été aimée.
Nous avons été aimés, *ou* aimées.
Vous avez été aimés, *ou* aimées
Ils ont été aimés, *ou* elles ont été aimées.

PRÉTÉRIT ANTÉRIEUR.

J'eus été aimé, *ou* aimée.
Tu eus été aimé, *ou* aimée.
Il eut été aimé, *ou* elle eut été aimée.
Nous eûmes été aimés, *ou* aimées.
Vous eûtes été aimés, *ou* aimées.
Ils eurent été aimés, *ou* elles eurent été aimées.

PLUS-QUE-PARFAIT.

J'avois été aimé, *ou* aimée.
Tu avois été aimé, *ou* aimée.
Il avoit été aimé, *ou* elle avoit été aimée.
Nous avions été aimés, *ou* aimées.
Vous aviez été aimés, *ou* aimées.
Ils avoient été aimés, ou elles avoient été aimées.

FUTUR.

Je serai aimé, *ou* aimée.
Tu seras aimé, ou aimée.
Il sera aimé, *ou* elle sera aimée.
Nous serons aimés, *ou* aimées
Vous serez aimés, *ou* aimées.
Ils seront aimés, *ou* elles seront aimées.

FUTUR PASSÉ.

J'aurai été aimé, *ou* aimée.
Tu auras été aimé, *ou* aimée.
Il aura été aimé, *ou* elle aura été aimée.
Nous aurons été aimés, *ou* aimées.
Vous aurez été aimés, *ou* aimées
Ils auront été aimés, *ou* elles auront été aimées.

CONDITIONNELS.

PRÉSENT.

Je serois aimé, *ou* aimée.
Tu serois aimé, *ou* aimée.
Il seroit aimé, *ou* elle seroit aimée.
Nous serions aimés, *ou* aimées
Vous seriez aimés, *ou* aimées.
Ils seroient aimés, *ou* elles seroient aimées.

PASSÉ.

J'aurois été aimé, *ou* aimée.
Tu aurois été aimé, *ou* aimée.
Il auroit été aimé, *ou* elle auroit été aimée.
Nous aurions été aimés, *ou* aimées.
Vous auriez été aimés, *ou* aimées
Ils auroient été aimés, *ou* elles auroient été aimées.

On dit aussi: *j'eusse été aimé*, ou *aimée; tu eusses été aimé*, ou *aimée; il eût été aimé*, ou *elle eût été aimée; nous eussions été aimés*, ou *aimées*, *vous eussiez été aimés*, ou *aimées; ils eussent été aimés*, ou *elles eussent été aimées*.

IMPÉRATIF.

Point de première personne.
Sois aimé, *ou* aimée.
Qu'il soit aimé; *ou* qu'elle soit aimée.
Soyons aimés, *ou* aimées.
Soyez aimés, *ou* aimées
Qu'ils soient aimés, *ou* qu'elles soient aimées.

SUBJONCTIF.

PRÉSENT OU FUTUR.

Que je sois aimé, *ou* aimée.
Que tu sois aimé, *ou* aimée.
Qu'il soit aimé, *ou* qu'elle soit aimée.
Que nous soyons aimés, *ou* aimées.
Que vous soyez aimés, *ou* aimées
Qu'ils soient aimés, *ou* qu'elles soient aimées.

IMPARFAIT.

Que je fusse aimé, *ou* aimée.
Que tu fusses aimé, *ou* aimée.
Qu'il fût aimé, *ou* qu'elle fût aimée.
Que nous fussions aimés, *ou* aimées.
Que vous fussiez aimés, *ou* aimées.
Qu'ils fussent aimés, *ou* qu'elles fussent aimées.

PRÉTÉRIT.

Que j'aie été aimé, *ou* aimée.
Que tu aies été aimé, *ou* aimée.
Qu'il ait été aimé, *ou* qu'elle ait été aimée.
Que nous ayons été aimés, *ou* aimées.
Que vous ayez été aimés, *ou* aimées.
Qu'ils aient été aimés, *ou* qu'elles aient été aimées.

PLUS-QUE-PARFAIT.

Que j'eusse été aimé, *ou* aimée
Que tu eusse été aimé, *ou* aimée.
Qu'il eût été aimé, *ou* qu'elle eût été aimée.
Que nous eussions été aimés, *ou* aimées.
Que vous eussiez été aimés, *ou* aimées.
Qu'ils eussent été aimés, *ou* qu'elles eussent été aimées.

INFINITIF.	PARTICIPES.
PRÉSENT.	PRÉSENT.
Être aimé, *ou* aimée.	Etant aimé, *ou* aimée.
PRÉTÉRIT.	PASSÉ.
Avoir été aimé, *ou* aimée.	Ayant été aimé, *ou* aimée.
	FUTUR.
	Devant être aimé, *ou* aimée.

Ainsi se conjuguent *être fini*, *être reçu*, *être rendu*, etc. etc. etc.

RÉGIME DES VERBES PASSIFS.

Règle. On met *de* ou *par* devant le nom ou pronom qui suit le verbe passif.

Ex. La souris est mangée par *le chat.*

Un enfant sage est aimé de *ses parens.*

Remarque. N'employez jamais *par* avec le nom *Dieu*, dites :

Les méchans seront punis de *Dieu*, et non pas *seront punis* par *Dieu.*

VERBES NEUTRES.

On appelle *neutres* les verbes après lesquels on ne peut pas mettre *quelqu'un*, ni *quelque chose* : *languir*, *dormir*, sont des verbes neutres, parce qu'on ne peut pas dire, *languir quelqu'un*, *dormir quelque chose*, etc. (On les ppelle *neutres*, parce qu'ils ne sont ni *actifs* i *passifs.*)

La plupart des verbes neutres se conjuguent, comme les verbes actifs, avec l'auxiliaire *avoir* : *je dors*, *j'ai dormi*, *j'avois dormi* *aurais dormi*, etc.

Mais il y a des verbes neutres qui se conjuguent dans leurs temps composés avec l'auxiliaire *être*, comme *venir*, *arriver*, *tomber*, etc.

CONJUGAISON DES VERBES NEUTRES.

INDICATIF.

PRÉSENT.

Je tombe.
Tu tombes.
Il, *ou* elle tombe.
Nous tombons.
Vous tombez.
Ils, *ou* elles tombent.

IMPARFAIT.

Je tombois.
Tu tombois.
Il, *ou* elle tomboit.
Nous tombions.
Vous tombiez.
Ils, *ou* elles tomboient.

PRÉTÉRIT DÉFINI.

Je tombai.
Tu tombas
Il, *ou* elle tomba.
Nous tombâmes.
Vous tombâtes
Ils, *ou* elles tombèrent.

PRÉTÉRIT INDÉFINI.

Je suis tombé, *ou* tombée.
Tu es tombé, *ou* tombée.
Il est tombé, *ou* elle est tombée
Nous sommes tombés, *ou* tombées.
Vous êtes tombés, *ou* tombées
Il sont tombés, *ou* elles sont tombées.

PRÉTÉRIT ANTÉRIEUR.

Je fus tombé, *ou* tombée.
Tu fus tombé, *ou* tombée.
Il fut tombé, *ou* elle fut tombée
Nous fûmes tombés, *ou* tombées
Vous fûtes tombés, *ou* tombées.
Ils furent tombés, *ou* elles furent tombées

PLUS-QUE-PARFAIT.

J'étois tombé, *ou* tombée.
Tu étois tombé, *ou* tombée.
Il étoit tombé, *ou* elle étoit tombée.
Nous étions tombés, *ou* tombées.
Vous étiez tombés, *ou* tombées.
Ils étoient tombés, *ou* elles étoient tombées.

FUTUR.

Je tomberai.
Tu tomberas.
Il, *ou* elle tombera.
Nous tomberons.
Vous tomberez.
Ils, *ou* elles tomberont.

FUTUR PASSÉ.

Je serai tombé, *ou* tombée.
Tu seras tombé, *ou* tombée.
Il sera tombé, *ou* elle sera tombée.
Nous serons tombés, *ou* tombées.
Vous serez tombés, *ou* tombées
Ils seront tombés, *ou* elles seront tombées.

CONDITIONNELS.

PRÉSENT.

Je tomberois.
Tu tomberois.
Il, *ou* elle tomberoit.
Nous tomberions.
Vous tomberiez.
Ils, *ou* elles tomberoient.

PASSÉ.

Je serois tombé, *ou* tombée.
Tu serois tombé, *ou* tombée.
Il seroit tombé, *ou* elle seroit tombée.
Nous serions tombés, *ou* tombées.
Vous seriez tombés, *ou* tombées.
Ils seroient tombés, *ou* elles seroient tombées.

On dit aussi : *je fusse tombé*, ou *tombée ; tu fusses tombé*, ou *tombée*, *il fût tombé*, ou *elle fût tombée; nous fussions tombés*, ou *tombées*, *vous fussiez tombés*, ou *tombées*, *ils fussent tombés*, ou *elles fussent tombées*.

IMPÉRATIF.

Point de première personne.

Tombe.
Qu'il, *ou* qu'elle tombe.
Tombons.
Tombez.
Qu'ils, *ou* qu'elles tombent.

SUBJONCTIF.

PRÉSENT *ou* FUTUR.

Que je tombe.
Que tu tombes.
Qu'il, *ou* qu'elle tombe.
Que nous tombions.
Que vous tombiez.
Qu'ils, *ou* qu'elles tombent.

IMPARFAIT.

Que je tombasse.
Que tu tombasse.
Qu'il, *ou* qu'elle tombât.
Que nous tombassions.
Que vous tombassiez.
Qu'ils, *ou* qu'elles tombassent.

PRÉTÉRIT.

Que je sois tombé, *ou* tombée.
Que tu sois tombé, *ou* tombée.
Qu'il soit tombé, *ou* qu'elle soit tombée.
Que nous soyons tombés, *ou* tombées.
Que vous soyez tombés, *ou* tombées.
Qu'ils soient tombés, *ou* qu'elles soient tombées.

PLUS-QUE-PARFAIT.

Que je fusse tombé, *ou* tombée.
Que tu fusses tombé, *ou* tombée.
Qu'il fût tombé, *ou* qu'elle fût tombée.
Que nous fussions tombés, *ou* tombées.
Que vous fussiez tombés, *ou* tombées.
Qu'ils fussent tombés, *ou* qu'elles fussent tombées.

INFINITIF.

PRÉSENT.

Tomber.

PRÉTÉRIT.

Être tombé, *ou* tombée.

PARTICIPES.

PRÉSENT.

Tombant.

PASSÉ.

Tombé, tombée, étant tombée.

FUTUR.

Devant tomber.

Conjuguez de même les verbes *aller*, *arriver*, *déchoir*, *décéder*, *entrer*, *sortir*, *mourir*, *partir*, *rester*, *descendre*, *monter*, *passer*, *venir*; et ses composés, *devenir*, *survenir*, *revenir*, *parvenir*, etc. etc.

Il y a des verbes neutres qui ont un régime.

RÉGIME DES VERBES NEUTRES.

Règle. On met *à* ou *de* devant le nom du pronom qui suit le verbe neutre.

EXEMPLES.

A	DE
Nuire à la *santé*	*Médire* de *quelqu'un.*
Plaire au *Seigneur.*	*Profiter* des *leçons.*
Convenir à *quelqu'un.*	*Jouir* de la *liberté.*

VERBES REFLECHIS.

On appelle verbes *réfléchis* ceux dont le nominatif et le régime sont la même personne, *comme je me flatte*, *tu te loues*, *il se blesse*, etc.

Les verbes *réfléchis* se conjuguent comme le verbe *tomber*, c'est-à-dire, qu'ils prennent l'auxiliaire *être*, aux temps composés. Nous ne mettrons ici que les premières personnes.

CONJUGAISON DES VERBES RÉFLÉCHIS.

INDICATIF.

PRÉSENT.

Je me repens.
Tu te repens.
Il, *ou* elle se repent.
Nous nous repentons.
Vous vous repentez.
Ils, *ou* elles se repentent.

IMPARFAIT.

Je me repentois, etc.

PRÉTÉRIT DÉFINI.

Je me repentis, etc.

PRÉTÉRIT INDÉFINI.

Je me suis repenti, *ou* repentie

PRÉTÉRIT ANTÉRIEUR.

Je me fus repenti, *ou* repentie.

PLUS-QUE-PARFAIT.

Je m'étois repenti, *ou* repentie

FUTUR.

Je me repentirai.

FUTUR PASSÉ.

Je me serai repenti, ou repentie.

CONDITIONNELS.

PRÉSENT.

Je me repentirois.

PASSÉ.

Je me serois repenti ou repentie

On dit aussi : *je me fusse repenti*, ou *repentie*.

IMPÉRATIF.

Point de première personne

Repens-toi.
Qu'il, *ou* qu'elle se repente
Repentons-nous.
Repentez-vous.
Qu'ils *ou* qu'elles se repentent

SUBJONCTIF.

PRÉSENT OU FUTUR.

Que je me repente.

IMPARFAIT.

Que je me repentisse.

PRÉTÉRIT.

Que je me sois repenti *ou* repentie.

PLUS-QUE-PARFAIT.

Que je me fusse repenti, *ou* repentie.

INFINITIF.

PRÉSENT.

Se repentir.

PRÉTÉRIT.

S'être repenti, *ou* repentie.

PARTICIPES.

PRÉSENT.

Se repentant.

PASSÉ.

Repenti, s'étant répenti, ou repentie.

FUTUR.

Devant se repentir.

Remarque. Me, *te*, *se*, *nous*, *vous*, qui sont le régime des verbes réfléchis, sont quelquefois régime *direct* comme dans je me *flatte*, c'est-à-dire ; *je flatte moi ; tu* te *blesseras*, c'est-à-dire, *tu blesseras* toi : et quelquefois ils sont régime *indirect :* comme dans cet exemple : *je me fais une loi*, c'est-à-dire, *je fais* à moi *une loi ; il* s'est *fait honneur*, c'est-à-dire, *il a fait honneur* à soi, etc.

VERBES IMPERSONNELS.

On appelle verbe *impersonnel* celui qui ne s'emploie dans tous les temps qu'à la troisième personne du singulier ; comme *il faut*, *il importe*, *il pleut*, etc. Il se conjugue à cette troisième personne comme les autres verbes.

CONJUGAISON DES VERBES IMPERSONNELS.

INDICATIF.

PRÉSENT

Il faut.

IMPARFAIT.

Il falloit.

PRÉTÉRIT DÉFINI.

Il fallut.

PRÉTÉRIT INDÉFINI.

Il a fallut.

PRÉTÉRIT ANTERIEUR.

Il eût fallu

PLUS QUE-PARFAIT.

Il avoit fallu.

FUTUR.

Il faudra.

FUTUR PASSÉ

C aura fallu.,

ON D ITIONNELS.

PRÉSENT.

Il faudroit.

PASSÉ.

Il auroit fallu.

SUBJONCTIF.

PRÉSENT OU FUTUR.

Qu'il faille.

IMPARFAIT.

Qu'il fallût.

PRÉTÉRIT.

Qu'il ait fallu.

PLUS-QUE-PARFAIT.

Qu'il eût fallu.

INFINITIF.

PRÉSENT.

Falloir.

PARTICIPES.

PASSÉ.

Ayant fallu.

Remarque. Le mot *il* ne marque un verbe *impersonnel* que lorsqu'on ne peut pas mettre un nom à sa place ; car lorsqu'en parlant d'un enfant, on dit, *il joue*, ce n'est pas un impersonnel, parce qu'à la place du mot *il*, on peut mettre *l'enfant*, et dire, *l'enfant joue*.

CHAPITRE VI.

SIXIÈME ESPÈCE DE MOTS.

LE PARTICIPE.

LE *participe* est un mot qui tient du verbe et de l'adjectif, comme, *aimant*, *aimé*. Il tient du verbe, en ce qu'il en a la signification et le régime; *aimant Dieu*, *aimé de Dieu*: il tient aussi de l'adjectif, en ce qu'il qualifie une personne ou une chose, c'est-à-dire, qu'il en marque la qualité, comme *vieillard honoré*, *vertu éprouvée*.

ACCORD DES PARTICIPES.

1°. Participe présent, *aimant*, *finissant*, *recevant*, *rendant*.

Règle. Le participe présent ne varie jamais, c'est-à-dire qu'il ne prend ni genre ni nombre.

Exemples.

Un homme lisant.	*Une femme* lisant.
Des hommes lisant.	*Des femmes* lisant.

Remarque. Ce qu'on appelle *gérondif* n'est autre chose que le participe présent (1), devant

(1) Il ne faut pas confondre avec le participe présent certains adjectifs verbaux (c'est-à-dire, qui viennent des verbes.) On dit *un homme* obligeant, *une femme obligeante*; ce ne sont pas des participes, parce qu'ils n'ont pas de régime. Mais quand je dis; *cette femme est d'un bon caractère*, obligeant *tout le monde quand elle peut; obligeant* est ici *participe*, puisqu'il a le régime *tout le monde*.

quel on met le mot *en*, comme : *les jeunes gens se forment l'esprit* en *lisant de bons livres.*

2°. Participe passé, *aimé*, *fini*, *reçu*, *rendu.* Le participe passé s'accorde ou avec son nominatif, ou avec son régime.

Accord du Participe passé avec le Nominatif.

Première règle. Le participe passé, quand il est accompagné du verbe auxiliaire *être*, s'accorde en genre et en nombre avec son nominatif ou sujet, c'est-à-dire, que l'on ajoute *e* si le sujet est féminin, et *s* si le sujet est pluriel.

Exemples.

Mon frère a été puni.	*Ma sœur a été* punie.
Mes frères ont été punis.	*Mes sœurs ont été* punies (1).
Mon frère est tombé.	*Ma sœur est* tombée.
Mes frères sont tombés.	*Mes sœurs sont* tombées.

Exception unique. Dans les temps composés des verbes *réfléchis*, le participe ne s'accorde pas avec son nominatif. On dit d'une femme, *elle s'est* mis *cela dans la tête* (et non pas *mise*) ; *quelques païens se sont* donné *la mort* (et non pas, se sont *donnés.*)

Deuxième règle. Mais quand le participe passé est accompagné du verbe auxiliaire *avoir*, il ne s'accorde jamais avec son nominatif.

---

(1) Le participe *été* n'a ni féminin ni pluriel; on dit : *elle a été*, *ils ont été*.

Exemples.

Mon père a écrit *une lettre.* *Mes frères* ont écrit *une lettre.*

Ma mère a écrit *une lettre.* *Mes sœurs* ont écrit *une lettre.*

(Le participe *écrit* ne change point, quoique le nominatif soit masculin ou féminin, singulier ou pluriel)

Accord du Participe passé avec le Régime.

Première règle. Le participe passé s'accorde toujours avec son régime *direct*, quand ce régime est devant le participe.

Exemples.

La lettre que vous avez écrite, *je l'ai* lue.
Les livres que j'avois prêtés, *on les a* rendus.
Quelle affaire avez-vous entreprise?
Combien d'ennemis n'a-t-il pas vaincus!
Quand la race de Cain se fut multipliée....

On voit que le régime mis devant le participe est ordinairement pronom : *que*, *me*, *te*, *se*, *le*, *la*, *les*, *nous*, *vous*, *quels* (1).

Deuxième règle. Mais quand le régime n'est placé qu'après le participe, ce participe ne s'accorde pas avec son régime.

---

(1) Autrefois on mettoit deux exceptions : 1°. quand le nominatif est après le participe, comme : *la leçon que vous ont donné vos maîtres ;* 2°. quand le participe est suivi d'un adjectif qui fait partie du régime, comme : *Adam et Eve que Dieu avait* créé *innocens.* Mais c'est à tort : il faut dans le premier exemple, *donnée* ; et dans le second, il faut *créés*. (Essais de Grammaire par l'abbé d'Olivet.)

lequel on met le mot *en* comme : *les jeunes gens se forment l'esprit e lisant de bons livres.*

2°. Participe passé, *ai.é*, *fini*, *reçu*, *rendu.* Le participe passé s'accorde ou avec son nominatif, ou avec son gime.

Accord du Participe p sé avec le Nominatif

règle. Le pa icipe passé, quand mpagné du erbe auxiliaire *être*, en genre et n nombre avec son ominatif ou sujet, c st-à-dire, que l'on ajoute *e* si le sujet est f inin, et *s* si le sujet est pluriel.

Exem es.

Mon frère a été puni.	*Ma sœur a été* punie.
Mes frères ont été punis.	*Mes sœurs ont été* punies (1).
Mon frère est tombé.	*Ma sœur est* tombée.
Mes frères sont tombés.	*Mes sœurs sont* tombées.

Exception unique. D ns les temps composés des verbes *réfléchis* le participe ne s'accorde pas avec son nominatif. On dit d'une femme, *elle s'est mis cela dans la tête* (et non pas *mise*); *quelques païens se sont* donné *la mort* (et non pas, se sont *donnés.*)

Deuxième règle. Mais quand le participe passé est accompagé du verbe auxiliaire *avoir*, il ne s'accorde jamais avec son nominatif.

(1) Le participe *été* n' ni féminin ni pluriel; on dit : *elle a été*, *ils ont été*.

Exempl

Mon père a écrit une lettre. *M nère a écrit une lettre.*
Mes frères ont écrit une lettre. *M sœurs ont écrit une tre.*

(Le participe *écrit* ne c nge point, quoique le nominatif soit m ulin ou féminin, singulier ou pluriel)

Accord du Participe pa avec le Régime.

Premiere règle. Le parti e passé s'accorde toujours avec son régim *direct*, quand ce régime est devant le parti e.

Exemple

La lettre que vous avez écrit je l'ai lue.
Les livres que j'avois prêtés, i les a rendus.
Quelle affaire avez-vous entr ise?
Combien d'ennemis n'a-t-il p vaincus!
Quand la race de Cain se f multipliée....

On voit que le régime is devant le participe est ordinairement nom : *que*, *me*, *te*, *se*, *le*, *la*, *les*, *nous*, *us*, *quels* (1).

Deuxième règle. Mais qu d le régime n'est placé qu'après le particip, ce participe ne s'accorde pas avec son reme.

---

(1) Autrefois on mettoit d x ceptions : 1°. quand le nominatif est après le part ci , comme : *la l çon que vous ont donné vos maîtr* 2°. quand le participe est suivi d'un adjectif q i t partie du régime, comme : *Adam et Eve que Dieu vait créé innocens.* Mais c'est à tort : il faut d s premier exemple, *donnée*; et dans le second il *créés*. (Essais de Grammaire par l'abbé d'Olive)

lequel on met le mot *en*, comme : *les jeunes gens se forment l'esprit* en *lisant de bons livres.*

2°. Participe passé, *aimé*, *fini*, *reçu*, *rendu.*

Le participe passé s'accorde ou avec son nominatif, ou avec son régime.

Accord du Participe passé avec le Nominatif.

Première règle. Le participe passé, quand il est accompagné du verbe auxiliaire *être*, s'accorde en genre et en nombre avec son nominatif ou sujet, c'est-à-dire, que l'on ajoute *e* si le sujet est féminin, et *s* si le sujet est pluriel.

Exemples.

Mon frère a été puni. *Ma sœur a été* punie.
Mes frères ont été punis. *Mes sœurs ont été* punies (1).
Mon frère est tombé. *Ma sœur est* tombée.
Mes frères sont tombés. *Mes sœurs sont* tombées.

Exception unique. Dans les temps composés des verbes *réfléchis*, le participe ne s'accorde pas avec son nominatif. On dit d'une femme, *elle s'est* mis *cela dans la tête* (et non pas *mise*) ; *quelques païens se sont* donné *la mort* (et non pas, se sont *donnés.*)

Deuxième règle. Mais quand le participe passé est accompagné du verbe auxiliaire *avoir*, il ne s'accorde jamais avec son nominatif.

(1) Le participe *été* n'a ni féminin ni pluriel ; on dit : *elle a été*, *ils ont été.*

Exemples.

Mon père a écrit *une lettre.*	*Ma mère* a écrit *une lettre.*
Mes frères ont écrit *une lettre.*	*Mes sœurs* ont écrit *une lettre.*

(Le participe *écrit* ne change point, quoique le nominatif soit masculin ou féminin, singulier ou pluriel)

Accord du Participe passé avec le Régime.

Première règle. Le participe passé s'accorde toujours avec son régime *direct*, quand ce régime est devant le participe.

Exemples.

La lettre que vous avez écrite, *je l'ai* lue.
Les livres que j'avois prêtés, *on les a* rendus.
Quelle affaire avez-vous entreprise ?
Combien d'ennemis n'a-t-il pas vaincus !
Quand la race de Cain se fut multipliée....

On voit que le régime mis devant le participe est ordinairement pronom : *que*, *me*, *te*, *se*, *le*, *la*, *les*, *nous*, *vous*, *quels* (1).

Deuxième règle. Mais quand le régime n'est placé qu'après le participe, ce participe ne s'accorde pas avec son régime.

(1) Autrefois on mettoit deux exceptions : 1°. quand le nominatif est après le participe, comme : *la leçon que vous ont donné vos maîtres ;* 2°. quand le participe est suivi d'un adjectif qui fait partie du régime, comme : *Adam et Eve que Dieu avait* créé *innocens.* Mais c'est à tort : il faut dans le premier exemple, *donnée* ; et dans le second, il faut *créés*. (Essais de Grammaire par l'abbé d'Olivet.)

Exemples.

J'ai écrit *une lettre.*	*J'ai* écrit *des lettres.*
Vous avez acheté *un livre.*	*Vous avez* acheté *des livres.*

(*Écrit*, *acheté*, ne changent pas, quoique le régime soit singulier ou pluriel, masculin ou féminin, parce que ce régime est après le participe.)

Remarque. On dit sans faire accorder : *les vertus que j'ai* entendu *louer*, *les vices que j'ai* résolu *d'éviter* : *que* n'est pas ici le régime des participes *entendu*, *résolu*; mais des infinitifs suivans, *louer*, *éviter*. Pour connoître si le régime dépend du participe, il faut voir si l'on peut mettre ce régime immediatement après le participe. On ne peut pas dire ici, *j'ai entendu les vertus*, *j'ai résolu les vices.*

CHAPITRE VII.

SEPTIÈME ESPÈCE DE MOTS.

LA PRÉPOSITION.

LA *préposition* est un mot qui sert à joindre le nom ou pronom suivant au mot qui la précède : par exemple, quand je dis *le fruit* de *l'arbre*, *de* marque le rapport qu'il y a entre *fruit* et *arbre* : quand je dis, *utile* à *l'homme*, *à* fait rapporter le nom *homme* à l'adjectif *utile* : quand je dis, *j'ai reçu* de *mon père*, *de* sert à joindre le nom *père* au verbe *reçu.*, etc.; *de*, *à*, sont des prépositions ; le mot qui suit s'appelle le *régime* de la *préposition*.

Cette espèce de mots s'appelle *préposition* ; parce qu'elle se met ordinairement devant le nom qu'elle régit.

PRÉPOSITIONS FRANÇOISES.

Pour marquer la place, ou *le lieu*.

A. Attacher *à* la muraille : vivre *à* Paris : aller *à* Rome.

Dans. Etre *dans* la maison : serrer *dans* une cassette.

En. Etre *en* Italie : voyager *en* Allemagne.

De. Sortir *de* la ville : venir *de* la province.

Chez. Etre *chez* un ami : ce livre est *chez* le libraire.

Devant. Le berger marche *devant* le troupeau : allez *devant* moi.

Après. J'irai *après* vous : courir *après* quelqu'un.

Derrière. Les laquais vont *derrière* leur maître : se cacher *derrière* un mur.

Parmi. Cet officier fut trouvé *parmi* les morts:

Sur. Avoir son chapeau *sur* la tête : mettre un flambeau *sur* la table.

Sous. Mettre un tapis *sous* les pieds : tout ce qui est *sous* le ciel.

Vers. Les yeux levés *vers* le ciel : l'aimant se tourne *vers* le nord.

Pour marquer l'ordre.

Avant. La nouvelle est arrivée *avant* le courrier.

Entre. Tenir un enfant *entre* ses bras : *entre* le printemps et l'automne.

Dès. Cette rivière est navigable *dès* sa source : *dès* sa plus tendre enfance.

Depuis. *Depuis* Paris jusqu'à Orléans ; *depuis* la création jusqu'au déluge.

Pour marquer l'union.

Avec. Manger *avec* ses amis : il est parti *avec* la fièvre.

Pendant. *Pendant* la guerre.

Durant. *Durant* la guerre.

Outre. Compagnie de cent hommes, *outre* les officiers.

Selon. Se conduire *selon* la raison.

Suivant. *Suivant* la loi.

Pour marquer séparation.

Sans. Le soldats *sans* leurs officiers.

Hors. Tout est perdu *hors* l'honneur.

Excepté. Tout est perdu, *excepté* l'honneur.

Pour marquer opposition.

Contre. Les gens de bien révoltés *contre* les méchans. Plaider *contre* quelqu'un.

Malgré: Il est parti *malgré* moi.

Nonobstant. Il a fait cela, *nonobstant* mes représentations.

Pour marquer le but.

Envers. Charitable *envers* les pauvres : son respect *envers* ses supérieurs.

Touchant. Il m'a ecrit *touchant* cette affaire.

Pour. Travailler *pour* le bien public : étudier *pour* son instruction.

Pour marquer la cause, le moyen.

Par. Fléchir par ses prières : tout a été créé *par* la parole de Dieu.

Moyennant. J'espère *moyennant* la grâce de Dieu.

Attendu. Le courrier n'a pu partir, *attendu* le mauvais temps.

CHAPITRE VIII.

HUITIÈME ESPÈCE DE MOTS.

L'ADVERBE.

L'*Adverbe* est un mot qui se joint ordinairement au verbe ou à l'actif, pour en déterminer la signification. Quand on dit, *cet enfant parle distinctement*, par ce mot *distinctement*, l'on fait entendre qu'il parle d'une manière claire.

1°. Il y a des adverbes qui marquent la *manière* : ils sont presque tous terminés en *ment* ; et ils se forment des adjectifs, comme *sagement* de *sage*, *poliment* de *poli*, *agréablement* d'*agréable*, *modestement* de *modeste*.

2°. Il y a des adverbes qui marquent l'*ordre*, comme *premièrement*, *secondement*, *d'abord*, *ensuite*, *auparavant*. Exemple : d'abord *il faut éviter le mal*, ensuite *il faut faire le bien.*

3°. Il y a des adverbes qui marquent le lieu, comme *où*, *ici*, *là*, *deçà*, *au-delà*, *dessus*, *par-tout*, *auprès*, *loin*, *dedans*, *dehors*, *ailleurs*. Exemples : où *êtes-vous ? Je suis* ici ; *je suis* là.

4°. Il y a des adverbes de temps comme *hier*, *autrefois*, *bientôt*, *souvent*, *toujours*, *jamais*, etc. Exemple : *cet enfant joue* toujours, *et ne s'applique* jamais.

5°. Il y a des adverbes de *quantité*, comme *beaucoup*, *peu*, *assez*, *trop*, *tant*, etc. Exemple : *il parle* beaucoup et *réfléchit* peu.

6°. Enfin, il y a des adverbes de *comparaison*, comme *plus*, *moins*, *aussi*, *autant*, etc. Exemple : plus *sage*, aussi *sage*, moins *sage que vous*.

Remarque. Certains adjectifs sont quelquefois employés comme adverbes : on dit, chanter *juste*, parler *bas*, voir *clair*, rester *court*, frapper *fort*, sentir *bon*, etc.

CHAPITRE IX.

NEUVIÈME ESPÈCE DE MOTS.

LA CONJONCTION.

Remarque. L'ON a vu jusqu'à présent comment les mots se joignent ensemble pour former un sens : les mots ainsi réunis font une *phrase* ou *proposition*. La plus petite proposition doit avoir au moins deux mots, le nominatif et le verbe, comme *je chante*, *vous lisez*, *l'homme meurt* : souvent le verbe a un régime, comme, *je chante un air*, *vous lisez une lettre*, etc.

La *conjonction* est un mot qui sert à joindre une phrase à une autre phrase. Par exemple, quand on dit : *il pleure* et *il rit en même temps*, ce mot *et* lie la première phrase, *il pleure*, avec la seconde, *il rit*.

Différentes sortes de conjonctions.

1°. Pour marquer la liaison : *et*, *ni*, *aussi*, *que*.

2°. Pour marquer opposition : *mais*, *cependant*, *néanmoins*, *pourtant*.

3°. Pour marquer division : *ou*, *ou bien*, *soit*.

4°. Pour marquer exception : *sinon*; *quoique*.

5°. Pour comparer : *comme*, *de même que*, *ainsi que*.

6°. Pour ajouter : *de plus*, *d'ailleurs*, *outre que*, *encore*.

7°. Pour rendre raison : *car*, *parce que*, *puisque*, *vu que*.

8°. Pour marquer l'intention : *afin que*, *de peur que*.

9°. Pour conclure : *or*, *donc*, *ainsi*, *de sorte que*.

1°. Pour marquer le temps : *quand*, *lorsque*, *comme*, *dès que*, *tandis que*.

11°. Pour marquer le doute : *si*, *supposé que*, *pourvu que*, *en cas que*.

Il y a plusieurs autres conjonctions; l'usage les fera connaître; la plus ordinaire est *que*;

on distingue la conjonction *que* du *que* relatif, en ce qu'elle ne peut pas se tourner par *lequel*, *laquelle*.

RÉGIME DES CONJONCTIONS.

Parmi les conjonctions, les unes veulent le verbe suivant au subjonctif, les autres à l'indicatif.

Voici celles qui régissent le subjonctif : *soit que*, *sans que*, *si ce n'est que*, *quoique*, *jusqu'à ce que*, *encore que*, *à moins que*, *pourvu que*, *supposé que*; *au cas que*, *avant que*, *non pas que*, *afin que*, *de peur que*, *de crainte que*, et en général quand on marque quelque doute, quelque souhait, comme *je souhaite*, *je doute* que *cet enfant soit jamais savant*.

CHAPITRE X.

DIXIÈME ESPÈCE DE MOTS.

L'INTERJECTION.

L'*Interjection* est un mot dont on se sert pour exprimer un sentiment de l'âme, comme la joie, la douleur, etc.

La joie : *Ah! Bon!*
La douleur : *Aie! Ah! Hélas! Ouf.*
La crainte : *Ha! Hé!*
L'aversion : *Fi. Fi donc.*
L'admiration : *Oh!*
Pour encourager : *Ça.. Allons. Courage.*

Pour appeler : *Holà ! Hé !*
Pour faire taire : *Chut. Paix.*

REMARQUES PARTICULIERES

SUR CHAQUE ESPÈCE DE MOTS.

DES LETTRES.

H est aspirée dans *héros* ; on dit *le héros* : mais elle n'est point aspirée dans *héroïsme* ; on dit *l'héroïsme de la vertu.*

L au lieu et à la fin des mots, quand elle est précédée d'un *i*, est ordinairement *mouillée*, et se prononce comme à la fin de ces mots, *soleil*, *orgueil*, *famille*, *bouillir.*

On écrit *œil* que l'on prononce comme *euil.*

S entre deux voyelles se prononce comme *z*. Exemple : *maison*, *poison*, excepté les mots *préséance*, *présupposer*, où l'on conserve la prononciation de l'*s*.

D à la fin du mot *grand* se prononce comme *t* devant une voyelle ou une *h* muette : *grand homme*, on prononce comme s'il y avait *grant homme.*

gn au milieu d'un mot se prononce comme dans *ignorance*, *magnanime.*

t ne se prononce pas à la fin de ces mots *respect*, *aspect*, même quand le mot suivant commence par une voyelle ou une *h* muette : ainsi prononcez *respect humain* comme s'il y avoit *respec humain.*

DES NOMS COMPOSÉS.

Quand un nom est composé d'un adjectif et d'un nom, ils prennent tous deux la marque du pluriel. Exemple : un *arc-boutant*, des *arcs-boutans*.

Quand il est composé de deux noms unis par une préposition, on ne met la marque du pluriel qu'au premier des deux noms. Exemple : un *chef-d'œuvre*, des *chefs-d'œuvre*; un *arc-en-ciel*, des *arcs-en-ciel*.

Quand il est composé d'une préposition ou d'un verbe et d'un nom, le nom seul prend la marque du pluriel. Exemples : un *entre-sol*, des *entre-sols*; un *garde-fou*, des *garde-fous*.

NOMS DE NOMBRE.

Cent au pluriel, et *vingt* dans quatre-*vingt*, six-*vingt*, prennent une *s* quand ils sont suivis d'un nom. Exemples : deux cents *hommes*, quatre-vingts *volumes*, six-vingts *arbres*.

Pour la date des années on écrit mil. Exemple : *l'hiver fut très-rigoureux* en mil *sept cent neuf* : partout ailleurs on écrit *mille* qui ne prend jamais *s*; *deux* mille *hommes*.

Neuf se prononce devant une voyelle comme *neuv*. Exemple : *il y a neuf ans*; prononcez *neuv ans*.

On dit : une *demi-heure*, une *demi-livre*; ce mot *demi* ne change pas quand il est devant le nom; mais dites : une heure et *demie*, une livre et *demie* : quand le mot *demi* est après le nom, il en prend le genre.

NOMS PARTITIFS.

On appelle *noms partitifs* ceux qui marquent la partie d'un plus grand nombre, comme *la plupart de*, *une infinité de*, *beaucoup de*, *peu de*, etc.

Les noms partitifs suivis d'un nom pluriel, veulent le verbe et l'adjectif au pluriel.

Exemples. La plupart des enfans sont légers.

Peu d'enfans sont attentifs.

Remarque. Dans le sens partitif on met *de*, et non pas *des*, devant un adjectif. Exemples : *j'ai lu* de *bons livres*, et non pas *des* bons livres ; *j'ai vu* de *belles maisons*, et non pas *des* belles maisons.

PRONOMS.

1°. *Vous* employé pour *tu* veut le verbe au pluriel ; mais l'adjectif suivant reste au singulier.

Exemple. Mon fils, *vous* serez estimé, *si vous* êtes sage.

2°. *Le*, *la*, *les*, sont quelquefois pronoms, et quelquefois ils sont articles : l'article est toujours suivi d'un nom ; *le* frère, *la* sœur, *les* hommes : au lieu que le pronom est toujours joint à un verbe, comme *je* le *connois*, *je* la *respecte*, *je* les *estime*.

Le pronon *le* ne prend ni genre, ni nombre, quand il tient la place d'un adjectif ou d'un verbe. Par exemple, si l'on disoit à une femme, *Madame, êtes-vous malade ?* Il faudroit qu'elle répondît : *Oui*, *je* le *suis*, et non pas *je* la *suis*, parce que *le* se rapporte à l'adjectif *malade*. *On doit s'accommoder à l'humeur des autres autant qu'on* le *peut :* je mets *le* parce qu'il se rapporte au verbe *accommoder.*

3°. N'employez le pronon *soi* qu'après un nominatif vague et indéterminé, comme *on*, *chacun*, *ce*, etc.

Exemples. On ne doit jamais parler de soi.

Chacun *songe à* soi.

N'aimer que soi, *c'est être mauvais citoyen.*

4°. Il ne faut pas se servir du pronon *son*, *sa*, *ses*, *leur*, *leurs*, mis pour un nom de chose, à moins que ce nom ne soit exprimé dans la même phrase. Ainsi ne dites pas : *Paris est beau*, *j'admire* ses *bâtimens ;* mais dites : *j'en admire les bâtimens.*

On emploie bien *son*, *sa*, *ses*, etc. pour un nom de chose, quand il est exprimé dans la même phrase. Ainsi on dit bien : *la Seine a sa source en Bourgogne* (1).

5°. Il faut dire : *c'est en Dieu* que *nous de-*

---

(1) Cependant, quoique le nom de *chose* ne soit pas dans la même phrase, on se sert bien de *son*, *sa*, *ses*, quand il est régi par une préposition, comme : *Paris est beau; j'admire la grandeur de* ses *bâtimens.*

vous mettre notre espérance, et non pas *en qui; c'est à vous-même que je veux parler*, non pas *à qui* je veux : (dans ces deux phrases *que* n'est pas relatif, mais conjonctif.)

6°. *Qui* relatif est toujours de la même personne que son *antécédent*. Ainsi, il faut dire : *moi* qui *ai vu; vous* qui *avez vu; nous* qui *avons vu*, etc.

7°. *Qui*, précédé d'une préposition, ne se dit jamais des choses, mais seulement des personnes. Ainsi ne dites pas : *les sciences* à qui *je m'applique*, mais *auxquelles* je m'applique.

8°. *Ce* devant le verbe *être* veut ce verbe au singulier, excepté quand il est suivi de la troisième personne du pluriel. On dit : c'est *moi*, c'est *toi*, c'est *lui*, c'est *nous*, c'est *vous qui*; mais il faut dire : ce sont *eux*, ce sont *elles*, ce sont *vos ancêtres qui ont bâti cette maison*.

9°. *Tout* mis pour *quoique*, *entièrement*, ne change point de nombre devant un adjectif masculin. Ainsi dites : *les enfans*, tout *aimables qu'ils sont, ne laissent pas d'avoir bien des défauts*.

Tout ne change ni le genre ni de nombre devant un adjectif féminin pluriel qui commence par une voyelle ou une *h* muette. Ainsi dites : *ces images*, tout *amusantes qu'elles sont, ne me plaisent pas*.

Mais si l'adjectif féminin est au *singulier*, ou si, étant au pluriel, il commence par une consonne, alors on met *toutes*, *tout*. Exemple :

cette image, toute *amusante qu'elle est*, *ne me plaît pas : ces images*, toutes *belles qu'elles sont*, *ne me plaisent pas* (1).

10°. *Quelque.... que* s'imploie de cette manière : s'l y a un adjectif entre *quelque* et *que*, alors *quelque* ne prend jamais *s* à la fin.

Exemple. Les Rois, quelque *puissans qu'ils soient*, *ne doivent pas oublier qu'ils sont hommes.*

S'il y a un nom entre *quelque* et *que*, alors on met *quelque* au même nombre que le nom.

Ex. Quelques *richesses* que *vous ayez*, *vous ne devez pas vous enorgueillir.*

Si le nom n'est placé qu'après le *que* et le verbe, alors il faut écrire en deux mots séparés *quel*, ou *quelle* que, *quels* ou *quelles* que.

Exemple. Quelle *que soit votre force*, *quelles que soient vos richesses*, *vous ne devez pas vous enorgueillir ; votre puissance*, quelle *qu'elle soit*, *ne vous donne pas le droit de mépriser les autres.*

11°. *Celui-ci*, *celui-là*, s'emploient de cette manière : *celui-ci* pour la personne dont on a parlé en dernier lieu ; *celui-là* pour la personne dont on a parlé en premier lieu.

---

(1) Quand *tout* signifie *entièrement*, il suit la même règle : *ils sont* tout *interdits* : *elles sont* tout *interdites*, etc. (c'est-à-dire, *entièrement* interdits).

Exemple. Les deux philosophes Héraclite et Démocrite étoient d'un caractère bien différent: celui-ci *rioit toujours ;* celui-là *pleuroit sans cesse.*

Ceci désigne une chose plus proche, *cela* désigne une chose plus éloignée. Exemple: *Je n'aime pas* ceci ; *donnez-moi* cela.

12°. Le mot *personne* employé comme *pronom,* est du masculin ; on dit : *je ne connois* personne *plus heureux que lui.* Mais *personne* employé comme *nom* est du féminin : cette personne est très-*heureuse.*

On ne dit plus, *un chacun, un quelqu'un.*

REMARQUES SUR LES VERBES.

I. Le nominatif, soit nom, soit pronom, se place après le verbe : 1°. quand on interroge. Exemples : *Que penseront de vous* les honnêtes-gens, *si vous n'êtes pas sage ? Irai-*je ? *Viendras*-tu ? *Est*-il *arrivé ?*

Quand le verbe qui précède *il, elle, on,* finit par une voyelle, on ajoute un *t* devant *il, elle, on.* Exemple : *Appelle*-t-*il ? Viendra*-t-*elle ? Aime*-t-*on les paresseux ?*

L'usage ne permet pas toujours cette manière d'interroger à la première personne, parce que la prononciation en serait rude et désagréable. Ne dites pas : *Cours-je ? Mens-je ? Dors-je ? Sors-je ?* etc. Il faut prendre un autre tour, et dire : *Est-ce que je cours ? Est-ce que je mens ? Est-ce que je dors ?*

2°. Le nominatif se met encore après le verbe, quand on rapporte les paroles de quelqu'un. Exemple : *Je me croirai heureux ; disoit* un bon roi, *quand je serai le bonheur de mes sujets.*

3°. Après *tel*, *ainsi*. Exemple : *Tel étoit* son avis. *Ainsi mourut* cet homme.

4°. Après les verbes impersonnels. Exemple: *Il est arrivé* un grand malheur.

II. On ne doit se servir du prétérit *defini* qu'en parlant d'un temps absolument écoulé, et dont il ne reste plus rien. Ainsi, ne dites pas, j'étudiai *aujourd'hui*, *cette semaine*, *cette année*, parce que le jour, la semaine, l'année, ne sont pas encore passés : ne dites pas non plus : j'étudiai *ce matin* : il faut, pour prétérit *defini*, qu'il y ait de l'intervalle d'un jour : mais on dit bien, j'étudiai *hier*, *la semaine dernière*, *l'an passé*, etc.

Le prétérit *indéfini* s'emploie indifféremment pour un temps passé, soit qu'il en reste encore une partie à écouler, ou non. On dit bien : j'ai étudié *ce matin* ; j'ai étudié *hier*, j'ai étudié *cette semaine*, j'ai étudié *la semaine passée*, etc.

III. A quel temps du subjonctif il faut mettre le verbe qui suit la conjonction *que*, quand elle régit ce mode.

Première règle. Quand le premier verbe est au présent ou au futur, mettez au présent du subjonctif le second verbe qui est après *que.*

Exemples.

Il faut . . . . } que vous soyez *plus attentif.*
Il faudra . . . }

Deuxième règle. Quand le premier verbe est à l'un des prétérits, mettez le second verbe à l'imparfait du subjonctif.

Exemples.

Il falloit . . . *Il fallut . . . .* *Il a fallu . . .* *Il eût fallu . .* *Il auroit fallu.*	*que vous* fussiez *plus attentif.*

Remarques sur les Prépositions.

1°. Ne confondez pas *autour* et *à l'entour*; *autour* est une préposition, et elle est toujours suivie d'un régime : *autour d'un trône*; *à l'entour* n'est qu'un adverbe, et il n'a point de régime; *il étoit sur son trône, et ses fils étoient* à l'entour.

2°. Ne confondez pas *avant* et *auparavant*; *avant* est une préposition, et elle est suivie d'un régime; *avant l'âge*, *avant le temps* : *auparavant* n'est qu'un adverbe, et il n'a point de régime; *ne partez pas sitôt, venez me voir auparavant.*

3°. *Au travers* est suivi de la préposition *de* : *au travers* des ennemis : *à travers* n'en est pas suivi; on dit : *à travers les ennemis.*

REMARQUES SUR LES ADVERBES.

1°. *Plus* et *davantage* ne s'emploient pas toujours l'un pour l'autre; *davantage* ne peut être suivi de la préposition *de*, ni de la conjonction *que*. On ne dit pas, *il a davantage de brillant que* de *solide;* mais *plus* de *brillant.* On ne dit pas, *il se fie* davantage *à ses lumières qu'à celles des autres;* mais *il se fie* plus *à ses lumières.*

Davantage ne peut s'employer que comme adverbe. Exemple: *La science est estimable, mais la vertu l'est bien* davantage.

2°. Ne confondez pas l'adverbe *près de*, qui signifie *sur le point de*, avec l'adjectif *prêt à*, qui signifie *disposé à.* On ne dit point, *il est* prêt à *tomber;* mais, *il est* près de *tomber.*

Ne confondez pas *à la campagne* et *en campagne*: ce dernier ne se dit que du mouvement des troupes, *l'armée est* en *campagne;* mais il faut dire: *j'ai passé l'été* à *la campagne.*

REMARQUES SUR LE RÉGIME.

Règle. Un nom peut être régi par deux adjectifs ou par deux verbes à la fois, pourvu que ces adjectifs et ces verbes ne veuillent pas un régime différent.

Exemples. Cet homme est utile et cher à sa famille.

Cet officier attaqua et prit la ville.

Mais on ne peut pas dire, *Cet homme est utile et chéri de sa famille*, parce que l'adjectif *utile* ne peut régir *de sa famille.* On ne peut pas dire: *cet officier attaqua et se rendit maître de la ville*, parce que le verbe *attaquer* ne peut régir *de la ville.*

CHAPITRE XI.

DE L'ORTHOGRAPHE

L'ORTHOGRAPHE est la manière d'écrire correctement tous les mots d'une langue.

ORTHOGRAPHE DES NOMS.

1°. La première lettre des noms propres, des noms de dignité, doit être une lettre capitale : *Pierre*. *Paris*, *Roi*, *Prince*.

2°. Tous les noms qui ne finissent point par *s* au singulier, en prennent une au pluriel. Exemples : *un jardin charmant* : *des jardins charmans*.

3°. Quoiqu'on écrive *honneur* avec deux *nn*, il n'y en a qu'une dans *honorer*.

4°. On écrit avec *mp compte*, *compter*, pour signifier *supputer* : avec *m* seulement *comte*, *comté*, titre, dignité; avec une *n conte*, *conter*, *pour* signifier *raconter*.

5°. On écrit avec *mp champ*, pour signifier *terre*; et avec *nt chant*, pour signifier l'action de *chanter*.

6°. On écrit ainsi *faim* : besoin de manger ; et *fin*, le terme où finit une chose : *la mort est la fin de la vie*.

MOTS en ace *et en* asse

On écrit ainsi par *ce*, *glace*, *besace*, *grimace*, *espace*, *place*, *race*, *grace*, etc.

Et par *sse*, *terrasse*, *basse*, *grasse* : tous les imparfaits du subjonctif de la première conjugaison : *j'aimasse*, *j'appelasse*, etc.

MOTS en ance *et en* ence.

On écrit par *a* les mots suivans : *abondance*, *constance*, *vigilance*, *distance*, etc.

Et par *e prudence*, *conscience*, *absence*, *clémence*, *éloquence*, etc. (On suit à cet égard l'orthographe latine : *abondantia*, *prudentia*.)

MOTS en èce et en esse.

On écrit ainsi par *ce*, *nièce*, *pièce*, et par *sse*, *adresse*, *blesse*, *paresse*, etc.

MOTS en ice et en isse.

On écrit ainsi par *ce*, *calice*, *office*, *artifice*, *précipice*, etc.

Et par *sse*, *écrevisse*, *réglisse*, *jaunisse*; tous les imparfaits du subjonctif de la deuxième et de la quatrième conjugaison; *je finisse*, *je rendisse*.

MOTS en sion, tion, xion, ction.

On écrit par une *s*, *appréhension*, *dimension*, *pension*, *conclusion*, *ascension*, etc. Et par *t*, *attention*, *condition*, *agitation*, *discrétion*, etc. Prononcez, *attension*, *condicion*, etc.

Remarque : *t* conserve sa prononciation dans les noms où il est psécédé d'une *s* ou d'une *x*; *question*, *indigestion*, *mixtion*.

On écrit par *x* *fluxion*, *réflexion*, *complexion*, *génuflexion*, etc; et par *ct* *action*, *distinction*, *séduction*, *prédilection*, etc.

(*Ces observations ne peuvent être réduites en règles générales; la lecture, le dictionnaire et l'usage doivent seuls en tenir lieu.*)

ORTHOGRAPHE DES VERBES

PRÉSENT DE L'INDICATIF.

Singulier. 1°. *Si la prémière personne finit* par *e*, *j'aime*, *j'ouvre*, etc., on ajoute *s* à la seconde : la troisième est semblable à la première. Exemple : *j'aime*, *tu aimes*, *il aime*.

2°. Si la première personne finit par *s*, ou *x*, la seconde est semblable à la première; la troisième finit ordinairement en : *t* *je finis*, *tu finis*, *il finit*. (Dans quelques verbes, la troisième personne se termine en *d*; il *rend*, il *vend*, il *prétend*.)

Pluriel. Le pluriel, dans toutes les conjugaisons se termine toujours par *ons*, *ez*, *ent* : *nous aimons*, *vous aimez*, *ils aiment*; *nous finissons*, *vous finissez*, *ils finissent*.

IMPARFAIT DE L'INDICATIF.

Il se termine toujours de cette manière ; *ois* , *ois* , *oit* , *ions* , *iez* , *oient*.

J'aimois , *tu aimois* , *il aimoit* , *nous aimions* , *vous aimiez* , *ils aimoient*.

PRÉTÉRIT DE L'INDICATIF.

Le prétérit *défini* a quatre terminaisons : *ai* , *is* , *us* , *ins* , de cette manière :

J'aimai , *tu aimas* , *il aima* , *nous aimâmes* , *vous aimâtes* , *ils aimèrent*.

Je finis , *tu finis* , *il finit* , *nous finîmes* , *vous finîtes* , *ils finirent*.

Je reçus , *tu reçus* , *il reçut* , *nous reçûmes* , *vous reçûtes* , *ils reçurent*.

Je devins tu devins , *il devint* , *nous devînmes* , *vous devîntes* , *ils devinrent*.

FUTUR DE L'INDICATIF.

Il se termine toujours ainsi : *rai* , *ras* ; *ra* , *rons* , *rez* , *ront*.

J'aimerai , *tu aimeras* , *il aimera* , *nous aimerons* , *vous aimerez* , *ils aimeront*.

Je recevrai , *tu recevras* , *il recevra* , *nous recevrons* , *vous recevrez* , *ils recevront* (1).

CONDITIONNEL PRÉSENT

Il se termine toujours ainsi : *rois* , *rois* , *roit* , *rions* , *riez* , *roient*.

J'aimerois , *tu aimerois* , *il aimeroit* , *nous aimerions* , *vous aimeriez* , *ils aimeroient*.

Je recevrois , *tu recevrois* , *il recevroit* , *nous recevrions* , *vous recevriez* , *ils recevroient*.

PRÉSENT DU SUBJONCTIF.

Il se termine toujours ainsi : *e* , *es* , *e* , *ions* , *iez*, *ent*.

---

(1) N'écrivez pas *je recevErai* , *je rendErai* ; on ne met *E* devant *rai* qu'à la pemière conjugaison.

*

Que j'aime, que tu aimes, qu'il aime, que nous aimions, que vous aimiez, qu'ils aiment.

IMPARFAIT DU SUBJONCTIF.

Il a quatre terminaisons : *asse, isse, usse, insse,* de cette manière :

J'aimasse, tu aimasses, il aimât, nous aimassions, vous aimassiez, ils aimassent

Je finisse, tu finisses, il finît ; nous finissons, vous finissez, ils finissent.

Je reçusse, tu reçusses, il reçut, nous reçussions, vous reçussiez, ils reçussent.

Je devinsse, tu devinsses, il devînt ; nous devinssions, vous devinssiez, ils devinssent.

Observez que les secondes personnes plurielles des verbes ont ordinairement un z à la fin.

REMARQUES

Sur l'orthographe des pronoms, Adverbes, et autres mots.

Leur ne prend jamais *s* à la fin, quand il est joint à un verbe ; alors il signifie *à eux à elles ; ces enfans ont été sages, je leur donnerai un prix.*

Leur, suivi d'un nom pluriel, prend l'*s* : alors il signifie *d'eux, d'elles: un père aime ses enfans ; mais il n'aime pas* leurs *défauts.*

On ne met point d'accent sur *o* dans *notre, votre,* quand ils sont devant un nom : *votre pére, notre maison* : mais on met un accent circonflexe sur *ô* dans *le nôtre, le vôtre, la nôtre, la vôtre.* Exemple : Mon *livre est plus beau que le* vôtre.

On met un accent grave sur *là*, adverbe de lieu, *allez là* : on n'en met point sur *la*, article : la *mère*; ni sur le pronom féminin *la* ; *je* la *connois.*

On met un accent grave sur *où* adverbe de lieu : *où allez-vous ?*

On n'en met point sur *ou* conjonction ; *c'est vous* ou *moi.*

On met un accent grave sur *à*, préposition : je vais *à Paris*.

On n'en met point sur *a* troisième personne du verbe *avoir* : *il a de l'esprit*.

On met un accent circonflexe sur *dû*, participe du verbe *devoir* ; *rendez à chacun ce qui lui est dû* : on n'en met point sur *du* article : *la lumière du soleil*.

DE L'APOSTROPHE.

L'apostrophe (') marque le retranchement d'une de ces trois lettres, *a*, *e*, *i*.

a, *e*, suivis d'une voyelle ou d'une *h* muette, se retranchent dans *le*, *la*, je, *me*, *te*, *se*, *de*, *ne*, *que*, *ce*.

Le, on dit : *l'ami*, *l'enfant*, *l'instinct*, *l'oiseau*, *l'univers*, *l'honneur*, pour *le enfant*, etc.

La, on dit : *l'abeille*, *l'épée*, *l'intention*, *l'oisiveté*, pour *la abeille*, *la épée*, etc.

Je, on dit : *j'apprends*, *j'étudie*, *j'honore*, *j'oublie*, etc., pour *je apprends*, etc.

Me, on dit, *vous m'aimez*, *vous m'estimez*, *vous m'instruisez*, pour *me aimez*, etc.

Te, on dit : *je t'avertis*, *je t'ennuie*, *je t'invite*, etc., pour *te avertis*, etc.

Se, on dit ; *il s'amuse*, *il s'ennuie*, *il s'instruit*, *il s'occupe*, pour *se amuse*, etc.

De, on dit : *beaucoup d'apparence*, *d'ignorance*, *d'orgueil*, pour *de apparence* ; etc.

Ne, on dit : *je n'aime pas*, *je n'estime pas*, *il n'obéit pas*, pour *ne aime*, etc.

Que, on dit : *qu'avez-vous fait ? qu'importe ?* pour que *avez-vous fait ?* etc.

Ce, on dit : *c'est la vérité*, pour *ce est*, etc.

E, à la fin des mots *quelque*, *entre*, *jusque*.

Quelque perd *e* devant *un*, *autre*, quelqu'*un*, quelqu'*autre*.

Entre, perd e devant *eux*, *elle*, *autre*, entr'*eux*, entr'*elles*, entr'*autres*.

Jusques, perd *e* devant *à*, *au*, *aux*, *ici* : *jusqu'à Paris*, *jusqu'au ciel*, *jusqu'ici*.

I se retranche dans le mot *si*, devant *il*, *ils* : *s'il arrive*, *s'ils viennent*.

DU TRAIT-D'UNION.

Le *trait-d'union* (-) se met entre les verbes et *je*, *me*, *moi*, *toi*, *tu*, *nous*, *vous*, *il*, *ils*, *elle*, *elles*, *le*, *la*; *les*; *lui*, *leur*, *y*, *en*, *ce*, *on*, quand ces mots sont placés après le verbe.

Exemples. *Irai-je? viens-tu? donnez-lui; achevera-t-il? viendra-t-elle? a-t on fait? prenez-en*, etc.

On met encore le trait-d'union entre deux mots tellement joints ensemble qu'ils n'en font plus qu'un : *chef-d'œuvre*, *courte-pointe*, *avant-coureur*.

DU TRÉMA

Le *tréma* (¨). On appelle ainsi deux points placés sur les voyelles *e*, *i*, *u*, quand ces lettres doivent être prononcées séparément de la voyelle qui précède, comme *poëte*, *naïf*, *Saül*, etc. (1).

DE LA CÉDILLE.

La *cédille* (ç). On appelle ainsi une petite figure qu'on met sous le *c* devant *a*, *o*, *u*, pour avertir qu'il doit avoir le son de *s*, comme dans *façon*, *leçon*, *façade*, *reçu*.

DE LA PARENTHÈSE.

La *parenthèse*. On appelle ainsi deux crochets ( ) dans lesquels on renferme quelques mots détachés. Exemple : *Celui qui évite d'apprendre* (dit le Sage) *tombera dans le mal.*

---

(1) On met le tréma sur l'*e* muet, et non pas sur l'*u* des huit mots suivants : aiguë, ambiguë, il arguë, béguë, bésaiguë, ciguë, contiguë, exiguë, afin qu'on ne prononce point ces mots comme ceux-ci : *Langue*, *harangue*, *fatigue*, etc.

DE LA PONCTUATION.

Il y a six marques pour indiquer en écrivant les endroits du discours où l'on doit s'arrêter.

1°. La virgule (,) se met après les noms, les adjectifs, les verbes qui se suivent.

Exemple. *La candeur, la docilité, la simplicité, sont les vertus de l'enfance.*

La charité est douce, patiente, bienfaisante.

La virgule sert encore à distinguer les différentes parties d'une phrase.

Exemple. *L'étude rend savant, et la réflexion rend sage.*

2°. Le point avec la virgule (;) se met entre deux phrases dont l'une dépend de l'autre.

Exemple. *La douceur est, à la verité, une vertu; mais elle ne doit pas dégénérer en foiblesse.*

3°. Les deux points (:) se mettent après une phrase finie, mais suivie d'une autre qui sert à l'étendre ou à l'éclaircir.

Exemple. *Il ne faut jamais se moquer des misérables: car qui peut s'assurer d'être toujours heureux?*

4°. Le point (.) se met à la fin des phrases, quand le sens est entièrement fini.

Exemple. *Le mensonge est le plus bas de tous les vices.*

5°. Le point interrogatif (?) se met à la fin des phrases qui expriment une interrogation.

Exemple. *Quoi de plus beau que la vertu?*

6°. Le point d'admiration (!) se met après les phrases qui expriment l'admiration.

Exemples. *Qu'il est doux de servir le Seigneur!*
Qu'il est glorieux de mourir pour son Roi.

FIN.

Parties aliquotes de douze, prises sur le produit d'un sol, qui vaut douze deniers.

Pour 1 denier, le 12e. du produit d'un sol.
Pour 2, le sixième.
Pour 3, le quart.
Pour 4, le tiers.
Pour 5, le tiers et le quart de ce tiers.
Pour 6, la moitié.
Pour 7, les tiers et quart.
Pour 8, 2 fois le tiers.
Pour 9, la moitié et la moitié de cette moitié.
Pour 10, la moitié et le tiers.
Pour 11, 2 fois le tiers et une fois le quart.

Parties aliquotes de 240 deniers, valeur d'une livre, qu'on appelle aussi de 24, en retranchant la dernière figure à main droite, laquelle il faut doubler, ainsi que la dizaine qui peut rester de l'avant-dernière figure pour en poser le produit à la colonne des sols.

Pour 1 denier, le 24e.
Pour 2, le douzième.
Pour 3, le huitième.
Pour 4, le sixième.
Pour 5, le sixième et le quart de ce sixième.
Pour 6, le quart.
Pour 7, le 6e. et le 8e.
Pour 8, le tiers.
Pour 9, le quart et la moitié de ce quart.
Pour 10, le quart et le sixième.
Pour 11, le tiers et le 8^e^

Parties aliquotes de 20 sols, valeur d'une livre.

Pour 1 sol, le 20e.
Pour 2, le dixième.
Pour 3, le dixième et la moitié de ce 10e.
Pour 4, le cinquième.
Pour 5, le quart.
Pour 6, le cinquième et la moitié de ce 5e.
Pour 7, le quart et le 10^e^
Pour 8, 2 fois le 5e.
Pour 9, le quart et le 5e,
Pour 10, la moitié.

Lorsqu'il y a plus de dix sols, il faut prendre le surplus dans les sols ci-dessus.

Pour les sols et les deniers ensemble.

Pour 1 s. 3 d. prenez le seizième.
Pour 1 s. 8 d. le 12^e^
Pour 2 s. 6 d. le 8e.
Pour 3 s. 4 d. le 6e.
Pour 6 s. 8 d. le tiers.
Pour 7 s. 6 d. le quart et le huitième.
Pour 8 s. 4 d. le quart et le sixième.
Pour 9 s. 2 d. le tiers et le huitième.

TABLE
DE MULTIPLICATION.

2 fois	2 font	4
2	3	6
2	4	8
2	5	10
2	6	12
2	7	14
2	8	16
2	9	18
2	10	20
2	11	22
2	12	24
2	13	26
2	14	28
2	15	30

3 fois	3 font	9
3	4	12
3	5	15
3	6	18
3	7	21
3	8	24
3	9	27
3	10	30
3	11	33
3	12	36
3	13	39
3	14	42
3	15	45

4 fois	4 font	16
4	5	20
4	6	24
4	7	28
4	8	32
4	9	36
4	10	40
4	11	44
4	12	48
4	13	52
4	14	56
4	15	60

5 fois	5 font	25
5	6	30
5	7	35
5	8	40
5	9	45
5	10	50
5	11	55
5	12	60
5	13	65
5	14	70
5	15	75

6 fois	6 font	36
6	7	42
6	8	48
6	9	54
6	10	60
6	11	66
6	12	72
6	13	78
6	14	84
6	15	90

7 fois	7 font	49
7	8	56
7	9	63
7	10	70
7	11	77
7	12	84
7	13	91
7	14	98
7	15	105

8 fois	8 font	64
8	9	72
8	10	80
8	11	88
8	12	96
8	13	104
8	14	112
8	15	120

9 fois	9 font	81
9	10	90
9	11	99
9	12	108
9	13	117
9	14	126
9	15	135

10 fois	10 font	100
10	11	110
10	12	120
10	13	130
10	14	140
10	15	150

11 fois	11 font	121
11	12	132
11	13	143
11	14	154
11	15	165

12 fois	12 font	144
12	13	156
12	14	168
12	15	180

13 fois	13 font	169
13	14	182
13	15	195

14 fois	14 font	196
14	15	210

15 fois	15 font	225
15	16	240
15	17	255
15	18	270
15	19	285
15	20	300

LISTE DES MOTS DANS LESQUELS LA LETTRE *H* EST ASPIRÉE.

ha !
hableur.
hache.
hagard.
haha.
hahalis.
hahé.
haie.
haie.
haillon.
Hainaut.
haine.
haïr.
haire.
haireux.
halage.
halbran.
hâle.
halener.
haleter.
hâlle.
hallebarde.
hallebreda.
hallier
haloir.
halot.
halotechnie.
halte
halurgie.
Ham.
hamac.
hamagogue.
Hambourg.
hameau.
hampe.
han.
hanap.
Hanau.
hanche.
hanebane.
hancton.
hangar.
hanscrit.
hanse.
hansière.
hanter.
hapalanthe
happe.
happelourde.
happer.
haquenée.
haquet.
harangue.
haras.
harasser.
harceler.
hard.
harde.
harder.
hardes.
hardi
hareng.
Harfleur.
hargneux.
haricot.
haridèle.
Harlay.
Harlem.
harnois.
haro.
harpail.
harpe.
harpeau.
harpégement
harper.
harpon.
harpie.
hart.
hasard.
hâse.
hast.
hâte.
hâtereau.
hâteur.
hâtier.
haubans.
haubert.
hauteur.
Havane.
hâve.
haveneau.
havet.
havir
havre.
havre-sac.
hé !
heaume.
hem !
hennir.
Henri.
hérault.
hère.
hérisser.
hernie.
héron.
héros.
herse.
Hesse.
hêtre.
heurter.
hibou.
hic.
hideux.
hie.
hiérarch.
hisser.
hobereau.
hobin.
hoc.
hoca.
hoche.
hochepot.
hocher.
hochet.
holà !
Holande.
hollander.
homard.
hongre.
Hongrie.
honnir.
honte.
hoquet
hoqueton.
horde.
horion.
hormis.
hors.
hotte.
houblon.
houe.
houille.
houle.
houllette.
houpe.
houpelande.
houper.
houpier.
houraillis.
houret.
hourder.
hourdi.
houret.
houri.
hourque.
hourvari.
housche.
housé.
houseaux.
houspiller
houssaie.
houssard.
housse.
housseaux
housse.
houssine.
housson.
houx.
hoyau.
huare.
huche.
huer.
huette.
huguenot.
huit.
hulote.
humer.
hune.
Huningue
hupe.
hure.
hurler.
Huron.
hussard.
hutte.